曹賜斌
行醫隨筆

從 ◆ 心 ◆ 所 ◆ 欲

曹賜斌——著

第四章 / 專業貢獻

第五章 / 公眾服務

第六章 / 從心所欲

要把金針度於人

■ 曹賜斌．自序

大約在 2022 年初，記得是農曆春節前，那時我剛認識不久的聯合報系文化基金會營運長，兼有故事執行長的邱文通大記者，突然在 line 上發文詢問我：「是否有意願為自己的行醫與人生故事留下記錄，出版自傳？」我一時錯諤，回話：「還未退隱或死亡，就為自己出版自傳，合適嗎？」

他回說此沒有一定標準，趁你還未退隱，可利用工作閒暇，開始蒐集資料，慢慢寫，更具有史料的真實性及價值呢！另外，還可為自己走過之路留下記錄，傳承專業、倡議理念，這都是有意義之事。

我被他說動了，一時語塞。本來在 2020 年出版我的第四本科普書《整形 4．0》時，就決定這是我此生撰寫的最後一本科普書了，因為寫書很痛苦，比生小孩還難熬，寫不出來時，會茶不思、飯不想，夜不能眠，出書後，就可還我自由自在、清閒過活了。

沒料到我這位交淺言深之益友，卻半途殺出程咬金，緊咬我不放，讓我陷入抉擇深淵。他之後還迅速遞上「期待院長仁心遠播，讓台灣與世界更美好，台灣醫療的好被看見」大帽子，並曉以大義，且說明這是其出版社繼我的恩師羅慧夫院長、我的大師兄陳昱瑞主委後，即將出版的第三本書，我就這樣澈底淪陷而臣服了。

　　2022 年春節後，邱執行長就以其出版家及大記者身份，開始宏觀規劃出書建議與內容綱要，包括從我出生、成長、習醫、執業、專業貢獻、公眾服務，到從心所欲之理想與展望等，並擬定後續相關執行流程。我就依此順序著手進行蒐集史料、文案及圖片之工作，並開始「觸景生情」般依據此史料、文案與圖片，及腦中之過去諸多記憶，逐字撰寫此自傳文，並附上史料及圖片以資佐證。

　　感謝我過去在求學時期有撰寫日記，及在習醫與執業時期有蒐集及整理史料與圖片的習慣，並感謝父母親賞賜給我仍靈光、尚未生銹的頭腦，所以「按圖索驥」撰寫起來並不太困難。

　　在無數夜晚及周末假日的清靜時光中，自傳文第一章就在 2022 年春節過後兩個月左右，即 5 月初撰寫完成，並交出給出版社。

　　萬事開頭難，有了上述順利的開頭，我就陸陸續續利用工作空檔時段、夜晚及周末例假日撰寫。每撰寫完一個段落後，就交給出版社，每次交出後都有像償還債務般的輕快感，也很有成就感。每個撰寫段落完成時間不一，凡一至三天、一周、一個月、兩個月皆有，端看我的靈感、心情及空閒時間而定。直到 2023 年 10 月底，終於撰寫完成全部文稿，「債務」還清，鬆了一大口氣。

　　之後出版社開始圖文編輯，文稿校正、照片選擇及其清晰度修飾、封面設計等等出書作業，而我也開始找尋推薦序作者群，擬發說帖文請其為本書撰寫推薦序，及寫自序文等接續性工作。

　　非常感謝也令我感動，所有我精心遴選的十二位推薦序作者們，不論海內外，竟然皆歡喜同意為我撰寫推薦序文，且大多在我拜託之時限內親

自撰寫完成。他們的仗義相挺，使我感激涕零，深覺我的為人處事，此生無憾矣！

　　這些推薦序作者皆是海內外各界大師或我親近人士，其身份包括政界、學界、醫界、媒體界、親朋好友等。希以其角色與角度，對依我本人從小至今之作為而撰述的自傳文，發抒其感想與評論，猶如評我人生成就、打我分數一般。同時透過其客觀、宏觀與大師級之書評與人評，也可使讀者對本書及本人有更深入及更全方位之中肯了解與獲益。

　　其中要特別提及的是新任教育部長、中山大學鄭英耀校長。他撰寫的推薦序文，具深厚的學術底蘊，令我感佩。在我提醒推薦序文之完成時限時，他竟如此回應：「偉大的曹院長，你讓我心驚膽跳，我忘了寫序的事了，請再傳大作給我，我趕快完成，以免對你不敬。」如此幽默謙沖又感性的話，怎不令我愛之入骨呢？

　　而他的序文真的在兩週後完成，內容涵蓋完整，並述及他我間之親密互動，肯定是其親力親為，絕對不會假手秘書或請他人代筆。真是文如其人，國之大儒！

　　另外，美國的整形外科大師蒲力群教授（LeeL.Q.Pu, MDPFACS, FICS）係華裔美國人，現為美容整形醫界全球規模最大的國際美容外科醫學會（ISAPS）學術期刊（Aesthetic Plastic Surgery）新任主編。他身負重任，在加州大學Davis分校醫院之整形外科臨床、教學與研究工作上異常忙碌，但在我去函邀請時，他第一時間就高興答應，且很快就交出其英文撰寫之推薦文，令我感佩與震驚。

　　他的推薦序文一開頭就說，他絕對有資格且很高興來寫此文，因為他

在醫學專業及個人熟識度上，都非常的了解我，這樣的真誠表態與熱情，令我感動與珍惜。文末還說，他與我有著相同的工作操守與文化背景，且我們為整形外科職涯的許多成功案例而感到自豪。這話弦外之音竟導引出他在此後不久，就宣布出來在加州執業之職涯大改變，此伏筆也襯托出他對出來執業此項新職涯的自豪。衷心期盼我這位美國好友，能在執業路上彼此同行、相互扶持，再創人生巔峰。

衛生福利部醫事司劉越萍司長的推薦序，亦讓我深受感動。她的序文樸實厚重，有條有理，且敬重長輩，就像她的行事風格。她我相識多年，從她擔任衛福部技正時，我就感受到她的幹練與穩重。升任司長後，舉凡台灣美容外科醫學會及台灣美容醫學產業全國聯合會的重要年會與事務，她都會親自出席，且正向相挺，代表政府對醫療的產業化表態支持及樂觀其成，是難得一見具親和力又實事求是、說到做到的好長官。

2023 年底，我於高雄成立全球首創的國際白疤中心時，她本要親自下來剪綵與致詞，但因當天要列席立法院備詢，立即改以錄製影片方式代替，並即時送達和播放，其效率與真誠，令我感佩再三。

序文中，她推崇我的白疤醫療是治療的重大突破，並闡述「治白疤除心疤」是延續我的恩師羅慧夫院長「用愛彌補」的大愛精神、讓愛傳承。全國最高醫政主管，尊師重道至此，令人敬佩。

大陸整形外科大師林曉曦主任教授的推薦序，則是我一口氣讀完、愛不釋手的好文。他是大陸整形外科界少數學術底蘊深厚、為人正直有禮之大師級領導，且為中國整形重建外科學術期刊之執行主編，及大陸最權威的上海交通大學醫學院附屬第九人民醫院（簡稱上海九院）整複外科的副

主任。

他與我相識十年以上，在海峽兩岸整形外科學術會議上時常見面互動、同桌研習，專業上彼此理念與知識相似，情義上恰如兄弟般相知與相惜。

透過他的仗義力挺，台灣美容外科醫學會才能順利於 2017 年與上海九院簽署 MOU 學術合作備忘錄，進而於 2018 年與大陸海協會下屬的海醫會官方，簽訂歷史性的 MOU 互惠合作協議書。

他的序文行雲流水，如小說般述說著他人之人生故事，非常好看，且透露出他與我之間許多相似之人生經歷與巧合，令我訝異。讀他的序文，反倒是在讀他的部分自傳般，真是饒富趣味啊！

羅慧夫（Noordhoff）院長是我醫療專業上的嚴師及人生信仰上的恩師。他因信稱義，奉上帝的呼招，以醫療傳道，從美國來台，奉獻他一生 40 年精華歲月給台灣，使台灣成為亞洲第一、國際一流的整形外科醫療聖地，創下連美國、歐洲、日本、韓國等整形外科醫師，至今都還陸續來台取經、研習的台灣醫療奇蹟。

他以身教活出上帝的公義形象，使我深受感召成為家族第一個基督徒。他以醫療傳道造就台灣，也造就出他的子弟兵，個個出類拔萃，名揚國際，「他此生無憾！」

在我的自傳，從行醫、執業、專業奉獻、社會公益及至理想與展望，他的精神、理念與影響力，一直貫穿全場，如影隨形。2023 年 6 月，林口長庚醫院舉辦羅慧夫紀念日學術追思演講活動時，邀請我做特別演講，

我就擇定以「羅慧夫與我～軼文分享」做為主題，以茲懷念及感恩，據以回報師恩。

有人說回報恩師，最佳模式就是用心傳承、發揚光大其理念。我於2023年底設立的全球首創國際白疤中心，其宗旨為「治白疤、除心疤」，除了可追隨恩師畢生奮力不懈之唇顎裂醫治，及完成其醫療的最後一里路，使唇裂縫合後之白疤看不見、抹除患者的心痕外，更重要的是要發揚恩師「用愛彌補」的精神，讓愛傳承。

2024年初我因「治白疤、除心疤」理念，符合史懷哲之人道奉獻精神，因而獲得史懷哲國際基金會頒贈2023史懷哲醫學藝術與科學獎章。此事與羅院長於2017年榮獲蔡英文總統頒授人道奉獻獎之精神，竟然出奇一致，進一步印證了我追隨恩師行止的傳承與實踐。

2024年我預計設立的國際白疤日活動，亦是選定於羅院長的生日6月29日舉行，希能活出恩師，造福唇顎裂患者及回報師恩。

我的父親是改變我一生的人。我高二下學期因受華人首次榮獲諾貝爾獎物理獎的震撼，執意要變更原本從小立志要學醫之志願，改為就讀理工科，父親勸阻無效。然於填選志願的最後一天，他卻逕自到台中一中教務處，偷改我的志願回到就讀醫學，使我措手不及。隔日校方公佈，我憤怒反彈，但木已成舟，只好無奈。

年長之後的印證，他的大愛與決斷是正確的，我一生愛當醫師，且以此自豪，並能施惠於家族。非常感激父親當時的霸道與獨斷，使年少輕狂的我不至做出後悔一生之抉擇。

父親的另一特質為知法守法，不會貪污、收賄或舞弊。他是日本知名

大學法律系畢業，一生在台灣擔任中央或地方的公僕，有很多上述圖利的機會，但他選擇兩袖輕風至退休。此影響我的行事為人至深，從小「不敢」做壞事至今。

我的母親也是影響我此生至深之人。

母親是台北市人，生於 1917 年，逝於 2004 年，享壽 88 歲。她是日據時代台北市第三高女畢業（李登輝夫人為其學妹），畢業後即擔任國小老師，執教的學校分別在台北市、新北市、宜蘭及南投等地，直至退休，歷時 40 多年。她桃李滿天下，記憶中常有社會各界名流至家中拜訪，表達對她過去的教導及關愛之恩情，令年輕時的我頗感驚訝與佩服。而她退休後自我解嘲此事：「教書匠窮一世，一生只賺到學生們之感戴。」

然此節操無形中種下了我後來在高雄市開業後，將診所私器公用，免費教導全國各大醫院整形外科年輕主治醫師們，前來研習美容手術醫療的念頭起緣。

母親與父親皆受日本教育，她又當老師，故我家兄弟姊妹們都因而學會基本日語。她也教我們日本歌曲，包括〈桃太郎〉、〈何日君再來〉、〈湯島白梅〉、〈耶穌恩友〉等等。此對我後來在國外與日本整形外科醫師們交流、聯誼時獲益甚大，除拉近彼此距離、建立友誼外，也使得台灣美容外科醫學會與日本美容外科醫學會建立出友好合作關係，並簽訂歷史性的學術合作 MOU 協議書。

我母親的過世也非常特別，從發病至辭世，僅有四天，急性心肺衰竭，用上 ECMO 也無效。她「速戰速決」，不留給子女久病糾纏之苦，且死亡之日特別選在 4 月 4 日之兒童節，用以惦念、不捨我的女兒！

因母親生前最喜我女兒，常跟她玩耍、合睡、享受天倫之樂。

我自傳末尾所述，待至年老力衰、身心倦怠時，會去花東追隨門諾醫院黃勝雄院長傳揚福音，引人歸主，榮耀上帝，此念頭源自於我母親之死亡選擇：要死得有意義，利他益人。

我二姊曹淑富的推薦序，則是在我半邀半逼中寫出來的。因她本來高興答應，但不知要寫什麼才得體，又說往事隔許久多已忘記，她最近也為諸事在繁忙著，於此掙扎中曾兩次來訊要我另找他人。

但我回應說我們家族選妳代言，因妳我較親近、互動較多，代表性最夠，並主動訴說出我們一些童年往事，以勾起她的回憶。後來她又去找我哥及弟弟探討、查證，並互相激盪出對我年少時期之言行輪廓，因而才陸續寫出此篇非常道地、有趣、史實般的推薦序文，讓我讀後會心大笑，也盼望讀者能透過此文，了解我年少時期及與家族間之秘辛與趣事。

感謝二姊，疼愛我至今，也從信奉美國佛教團體，因我之故，回台後轉身成為比我更愛上帝的基督徒。

感謝其他撰寫推薦序的好友們，沒有您們的仗義相挺，疼愛在下，個個義無反顧般撰述出生花妙筆的絕世序文，使拙著能如畫龍點睛般蓬蓽生輝，並引領眾多讀者能迅速一窺書之綱要與精華，也使此書因您們的加持而鯉躍龍門、倍增光彩。

感謝有故事出版社的邱文通發行人、邱健吾總經理，編輯群與出書群組的伙伴們，您們的群策群力，耐心與愛心並用，尤其發行人的厚愛相挺，這本書才會在我數次因諸事繁忙的時間稽延下，終於能順利出版。

最後感謝我的太太與女兒，對我數十年來一貫的體諒與容忍，從我在

長庚醫院工作，之後出來開業，從事專業貢獻，投身公眾服務，及至從心所欲年紀之理想與展望時期，皆義無反顧的支持。對於我每天早出晚歸，如拋家棄子般的工作與投入，她們自願當「活寡婦」、「孤女般」地包容，並成為我生命奮鬥史上之最強大的後盾。沒有她們的體諒，甚至犧牲，此冊行醫隨筆將會是一首變調脫序的變奏曲。

當年恩師羅慧夫的教誨與遺愛，恰似金針度於我，常在我心！謹以此書之問世，來回饋所有人及我家人對我的關心與厚愛之外，也希望能把金針度於人——箇中的故事、奮鬥的點滴，能帶給年輕的朋友們一些些的參考、一點點的影響。

曹賜斌 醫師
撰於 高雄曹營
2024 年 4 月 30 日

想像未來・勇於追夢

■ 文・鄭英耀

中山優秀的校友，知名的曹賜斌整形醫師又有新的大著《從心所欲－曹賜斌的行醫隨筆》即將出版，首先致上誠摯地恭賀之意，並祝新書發表圓滿成功。

曹醫師是一位傑出的美容整形專家，素有「整形南霸天」美名。行醫 40 多年，不僅以專業服務第一線基層民眾，拯救病患，常於報章雜誌發表美容衛教文章，提倡正確美容整形觀念，更是熱心公益，創設及參與多個美容整形社團，積極推動台灣醫療觀光，振興經濟，並陸續與韓國、日本、新加坡等多國簽署 MOU，拓展國際美容醫療合作，對台灣美容整形界貢獻卓著，令人感佩。

曹醫師同時也是本校 EMBA 校友及校務發展推動委員，非常關心中山的校務發展，尤其在本校申設後醫系時，由於認同本校申設理念與宏觀願景，曹醫師當時於自由時報、蘋果日報等大報投書論述「持平而論」，詳細闡述 4 大論點，極力支持本校設立後醫系，當時受到醫師公會投書論戰，因此再度發表「持平再論」，醫界不平的輿論至此方歇。感謝曹醫師發揮醫界影響力，大

力的支持與協助，本校於 2022 年獲教育部核准設立後醫系，終於完整了中山設校規劃的最後一塊拼圖。感念曹醫師的相挺，本校於醫學院揭牌典禮時亦邀請曹賜斌醫師共同見證歷史時刻。

《從心所欲——曹賜斌的行醫隨筆》是曹醫師的第五本書，書中對於他從醫的成長學習、心路歷程、行醫創業到社會服務均有完整詳實的闡述。曹醫師喜歡接受挑戰的個性，做事快速俐落的豪邁特質，實具有中山人勇於接受挑戰，敢於創新，「想像未來·勇於追夢」的精神，無論是長庚醫院任職期間，設立了南台灣第一個，台灣唯二的顱顏中心，亦或診所執業，貼近服務基層，甚或擔任社團理事長等，常常有許多開創性、突破性的變革作為，引領風潮，蔚為潮流，對於提昇南台灣美容醫療水準，成就斐然。

值得一提的是，身為全球聞名唇顎裂顱顏專家羅慧夫醫師的直屬嫡系弟子，曹醫師除專業之精進，學術研究亦不曾間斷，尤其在去除或改善皮膚上永久創傷「白疤」方面，曹醫師有獨步全球「白疤顏色再生術」的發明，此等妙手回春的施為，不僅造福了許多白疤患者，也正是曹醫師「醫者仁心」的具體展現。曹醫師的傑出表現，中山與有榮焉。

人生的旅程，沒有人知道何處是終點，回首來時路，曹醫師每一步都留下了踏實的印記，奠基了生命的長度與厚度。已屆「從心所欲」的曹醫師在書中表示「Never Retired」，在身心健壯下，仍會走自己喜愛的醫療志工路，樂而忘老，「擇己所愛，愛己所選」，感佩曹醫師的理想與堅持，相信走在主揀選的道路上，在主的引領扶持下，一定能心想事成，朝向更美好、喜樂的未來。

（本文作者為教育部長）

醫者表率！

■ 文‧劉越萍

很榮幸能有機會為曹賜斌院長的新書《從心所欲～曹賜斌的行醫隨筆》做推薦人，本書收錄曹賜斌院長從出生、就學、習醫、行醫到創業各階段的心路歷程，每一篇的小故事都在在表現出曹醫師充滿了對知識的渴望和對人類健康的關懷。透過曹醫師的文章，更可深入了解這位在整形外科和美容醫學領域有著深遠影響的人物，在教學、臨床服務、研究和公共服務這四大領域，他秉持著堅持不懈的精神，一步一腳印務實地將想法轉變為行動，積極地與各方利害關係人溝通，與國際交流，參與公共事務。

曹醫師在美容醫學上的成就，早已享譽國際，對於白疤治療，更是值得稱讚。2023年12月14日曹醫師創立「國際白疤中心」，並於落成典禮時，曹醫師表示由於白疤印記影響求治者心理層面甚鉅，阻礙其腳步不敢邁向未來。因此期能藉由國際白疤中心落成啟用後，促進白疤醫療國際化，闡揚「治白疤 除心疤」(Cure White Scar, Cure Mind

從心所欲──曹賜斌行醫隨筆

Scar) 及「整形 整心」的雙理念，以及延續恩師已故羅慧夫院長「用愛彌補」的大愛精神讓愛傳承，完成唇顎裂醫療最後一哩路，使唇裂疤痕看不見，患者才敢於面對婚姻及未來。他在白疤的治療上取得了重大突破，為這一疾病的治療開創了新的可能。曹醫師的研究成果不僅豐富了我們的醫學知識，也為臨床實踐提供了寶貴的指導。他的工作態度和專業精神，對我們醫界而言，更是年輕後輩效法的榜樣。這次看到曹醫師新書即將付梓出版，除了替曹醫師感到開心之外，更祝福他新書發表成功！

（本文作者為衛生福利部醫事司司長）

整形外科醫師之旅

■ 文・蒲力群

很高興被曹賜斌醫師邀請為他的新書《從心所欲——曹賜斌行醫隨筆》撰寫前言。由於我在醫學專業和個人非常瞭解曹醫師，絕對有資格為他即將出版的這本書寫前言，該書將以中英文出版。

我第一次在臺北見到曹醫師是在 2015 年一場國際美容整形外科醫學會（ISAPS）的教學課程上。作為該教學課程的聯合主席，我和曹醫師有很多互動，很快的，我就發現曹醫師在台灣是一位備受尊敬的整形外科醫師。2017 年，我應邀為台灣整形外科醫學會（TSPS）擔任主題演講嘉賓，並在臺北再次見到了曹醫師，

在那次會議上，曹醫師親切地告訴我，他將於明年擔任台灣美容整形外科醫學會 (TSAPS) 理事長，並邀請我作為主題演講嘉賓，參加他在高雄主辦的首次國際美容整形外科醫學會。當然，在他卓越的領導下，會議非常成功，為台灣未來的美容整形外科醫學會樹立了標準。從那時起，我和曹醫師合作過許多項目，包括全球華裔整形外科醫師協會（WAPSCD），曹 醫師是該協會的

董事和《美容整形外科學期刊》（ISAPS 的官方期刊），曹醫師是該期刊的編審委員。

這本新書是曹醫師四十多年整形外科醫師專業和個人生涯的總結。書中涵蓋了他從童年、醫學教育到台灣住院醫師培訓，及在北美跟著幾位知名整形外科醫師學習的整個過程。書中還介紹了他在台灣極為成功的個人執業。最後，書中還分享了他在整形外科領域的科學貢獻、公眾服務以及對年輕醫師生活和工作的未來展望。

作為一位忙碌的整形外科醫師寫這樣一本書絕非易事。這需要強烈的願景、組織能力、寫作技巧、時間投入以及許多個人專業和家庭的犧牲。這本書反映了曹醫師在整形外科領域的個人成長，他也是台灣此領域內的專家和榜樣。我們都能從曹醫師不凡的職業生涯和經驗中學到很多。這本書確實反映了一位整形外科醫師的旅程，特別是如何在醫師或個人的身份中找到職業和個人的滿足感。我強烈推薦整形外科醫師或任何領域的專業人士閱讀這本書，不僅可瞭解曹醫師傑出的職業生涯，還能領略他作為整形外科醫師的個人成就和科學貢獻。

最後，我要衷心祝賀曹醫師即將出版的新書，並期待在台灣聽到更多他的成功故事。我很享受閱讀這本書，從中學到了曹醫師作為整形外科醫師、學者、基督徒與家庭的不凡旅程。也希望他未來事業蒸蒸日上、身體健康。他和我有相同的工作操守和文化背景，我們都為整形外科領域的許多成功感到自豪。

誠摯致意！

（本文作者為國際美容外科醫學會（ISAPS）學術期刊主編、整形外科教授）

Foreword

By Lee LQ Pu

It is my great pleasure to be asked by Dr. Su-Ben Tsao to write a foreword for his new book, entitled "Follow Heart's Desires — My Medical Essays". Since I know Dr. Tsao very well both professionally and personally, I'm certainly qualified to write such a foreword for his new book that will soon be published in both Chinese and English.

I first met Dr. Tsao in Taipei, 2015 during an International Society of Aesthetic plastic Surgery (ISAPS) teaching course. As a co-chair of the teaching course, I had many interactions with Dr. Tsao. Soon I found out that Dr. Tsao is a well-respected plastic surgeon in Taiwan. In 2017, I was invited as a keynote speaker for the Taiwan Society of Plastic Surgery (TSPS) and I met Dr. Tsao again in Taipei. During that meeting, Dr Tsao kindly informed me that he would be the President of the Taiwan Society for Aesthetic Plastic Surgery (TSAPS) next year and would invite me as a keynote speaker for the first international aesthetic plastic surgery meeting in Kaohsiung, Taiwan. Of course, under his visionary leadership, the meeting was extremely successful and has set up the standard for future aesthetic plastic surgery meetings in Taiwan. Since then, I have worked with Dr. Tsao for World Association for Plastic Surgeons of Chinese Descent (WAPSCD) (Dr. Tsao serves as a board member) and Aesthetic Plastic Surgery journal, an official journal of ISAPS. (Drs Tsao serves as an editorial board member)

從心所欲

曹賜斌行醫隨筆

The new book, written by Dr. Tsao, will serve as his professional and personal monograph for one᾽s remarkable and more than 40 years career as a plastic surgeon in Taiwan. The book covers the entire journey of Dr. Tsao from his childhood and medical education to his residency training in Taiwan and international fellowship training in North America under several renowned plastic surgeons. The book also describes his successful academic career in Taiwan as well as his extremely successful private practice in Kaohsiung, Taiwan. Lastly, the book introduces his scientific contributions to plastic surgery, public services, and future perspectives to life and work for young generation physicians.

It is truly not an easy task to write such a professional and personal monograph as a busy plastic surgeon. It takes one᾽s strong desire, organization ability, writing skill, time commitment, and many personal, professional, and family sacrifices. The book reflects a personal journey in plastic surgery from one of the leading experts and role models in Taiwan. We all can certainly learn something from Dr. Tsao᾽s incredible professional career and his successful experience. The book indeed reflects a plastic surgeon᾽s journey, especially how one can fulfill his or her professional and personal satisfactions as a physician or a human being. I would strongly recommend plastic surgeons or any professional individuals at whatever level to read this book and to learn not only about Dr. Tsao's remarkable career but also his personal satisfaction and scientific contribution as a plastic surgeon.

I would like to express my heartfelt congratulations to Dr. Tsao for his soon published new book and truly look forward to hearing more successful stories from him in Taiwan. I have certainly enjoy reading the book and learning from his incredible journey as a plastic surgeon, scholar, Christian, and family man. I would also like to take this opportunity to wish him many healthy and prosperous years ahead. He and I share the same work ethics and culture heritage and we both are proud of our many successes in the specialty of plastic surgery.

Respectfully,
Lee L.Q. Pu, MD, PhD, FACS, FICS
Emeritus Professor of Plastic Surgery
University of California, Davis
Editor-in-Chief
Aesthetic Plastic Surgery Journal
Newport Beach, California, USA

從心所欲

曹賜斌行醫隨筆

一輩子的恩師

■ 文·張松源

曹主任、曹院長、曹理事長、曹顧問……，這是我分別在林口長庚醫院重建整形外科住院醫師、林口長庚醫院重建整形外科主治醫師、開業經營醫學美容診所，以及現任美容外科醫學會理事長，四個人生職涯對於恩師曹賜斌醫師的尊稱；回想初識曹老師是我在林口長庚重建整形外科第三年住院醫師時，被輪派到高雄長庚重建整形外科受訓，距今倏忽也已經超過30個年頭！若不是本次受老師欽點看重，邀請我為他這本新書寫序，我也無法相信時間竟然可以過得這麼快！印象裡還是整裝早起，聚精會神參加在高雄長庚整形外科的嚴肅又朝氣滿滿的早會時光，曹主任鏗鏘有力的將住院醫師報告的案例檢討一遍，對於選讀的科學文章獨有創見的評論一番，還滔滔不絕細數家珍他認識的那幾位有名的國際及整形外科大師……。

只要認識曹老師的人，都一定會佩服他無論在什麼場合：大小學術會議、公共服務論壇、學會理監事會議、酒食聚餐暢談，他都是大鳴大放、真誠熱情的分享，不僅是

言而有物，常有獨到見解，更不吝提出創新行動，這其實都是跟他平時就積極參與許多國內外學術活動非常相關，除了每年出國演講之外，還不斷撰寫優秀學術論文，更參與許多國際學術組織的籌辦及運作，行有餘力 更在公忙之餘與高雄在地政商人士或團體交流，所以人脈關係可說是四通八達，也不枉稱是八方雲集呀！

要認識曹老師的生平、求學、治術、奮鬥、創業的過程，從他過往已經出版的 4 本撰述還有本書中，讀者可以慢慢品讀欣賞，在本書其他寫推薦序的長官長輩們也都有拾遺性的揭露，都是非常精彩可期；對我而言，曹老師是我在開業 20 年之後，因他言教身教的啟迪影響，促使我決心義不容辭投身於公共服務，進入台灣美容外科醫學會理監事，最後擔起理事長大樑，在新冠肺炎解封後疫情時代，重新再把停頓的學會事務整裝再起。2023 年台灣美容外科國際學術年會在高雄盛大舉辦這場活動的籌辦，曹老師以顧問身份，對於這場活動提供非常豐富的經驗指導與雖千萬人吾往矣的創見，這場疫情解封後的國際學術會議，有 3 件開創國內各醫學會的首舉，都充滿了曹老師畢生在公共服務領域的努力與心願：

一、成人之美選拔活動——將整形手術帶給人類重生的貢獻，藉由動人的真實故事，讓民眾不再認為整形手術都是重利現實的賺錢工具，也鼓勵民眾因為天生畸殘、後天傷殘、外觀貌殘，失去生活或是工作自信，可以勇於透過重建整形或是美容整形手術而讓生命重生，讓美容整形手術的貢獻價值被彰顯！

二、社會公益人民關懷與醫學學術會議結合——在國際學術年會的議

程裡，專門時段及場地頒發獎盃獎金，並播放每位得獎主角的生命奮鬥故事影片，不僅讓國內與會會員醫師們感動，更獲得現場許多國際嘉賓的認可讚美，讓台灣人文善良之美被國際看見！

三、疫情解封後國際學術年會在高雄市舉辦——大量邀請國際貴賓來台發表演講，尤其與台灣美容外科醫學會（TSAPS）簽署友好合作的 13 國醫學會，都有派專家學者與會，讓更多國外人士認識南台灣的觀光海洋城市，利用醫學會的舉辦達到推展高雄國際觀光的目的；而 TSAPS 自從曹老師接掌理事長以來，便將醫學會的祕書處定位在一個常設機構，不是政務官而是事務官的實質功能角色，所以堅持將秘書處固定設在高雄市，不因理事長的每 2 年換任而有所變動，讓推行的方案一貫落實，每任理事長的政策推行可以有憑有據！

讀曹老師的每篇文章，雖然只是短短的幾個段落，但其實都是他一步一腳印，艱辛踏實、實心任事的行跡，非常讚佩他做人處事，始終如一、表裡真誠；尤其在帶領美容外科醫學會的會務運作上，時常帶頭衝鋒，積極爭取，代表台灣美容外科醫學與政府溝通，與企業斡旋，與國際交流，所以台灣美容外科醫學這一門專科，也漸漸在輿論中被重視，不再被隨意混淆視聽，也被人民所知悉重視，這些都與曹老師的身體力行，不畏挑戰的個性非常相關；他也是我在學術與公共事務的學習典範，這次看到他又有一本新書即將付梓出版，真的替老師非常開心，也祝福他的心願可以如願達成。

（本文作者台灣美容外科醫學會現任理事長）

我們學習的好榜樣

■文‧Chin-Ho Wong

我認識曹醫師已經超過十年了。我們經常在世界各地的國際整形外科會議上碰面，關係越來越好。從他的教導中，我學到了不少東西。雖然他看起來開朗樂觀，但其實內心裡有著非常強烈的目標和堅定的意志。我對他的成長環境和塑造成現在的性格所付出的努力非常好奇。

看了曹醫師的自傳後，真的受益良多。首先，我們都需要一個好榜樣來激勵我們。曹醫師深情地談到了他的榜樣——羅慧夫醫師，是我們這一代的外科英雄。他不僅啟發了曹醫師，還巧妙地施加壓力，讓曹醫師做了許多原本不敢做的事情。

其次，這本書告訴了我們什麼是放下和前進。曹醫師一心一意、從零開始建立了高雄長庚整形外科部門及顱顏中心，並在適當的時候讓他的學生接手，帶領部門走向更大的成功，在他選擇離開長庚醫院去開業時，他也不忘為高雄地區提供高水準的整形外科服務。

最後，也是最重要的，就是我們都要追求工作和生活的平衡。儘管忙於執業，曹醫師依然積極參與學術研究，發表許多論文和書籍。他還積極參加各種國內外的整形外科學會，並且在信仰上找到了心靈的寄託。這種平衡讓他在專業和個人生活中都能感到滿足，這也是我們所要追求的。

這本書不僅僅是曹醫師學術和專業發展的敘述，更是一種人生智慧的反映。最後，醫學之路雖艱辛，但生活更不易。曹醫師通過他的個人經歷，教導我們如何面對生活中的各種挑戰。對於那些想成為醫師的學生、正在接受訓練的實習醫師，甚至是對醫學領域感興趣的人來說，這本書都能讓我們更好地瞭解偉大外科醫師背後的故事。

（本文作者為新加坡著名整形外科醫師）

Foreword

I have known Dr. Tsao for more than a decade. We meet regularly at various international plastic surgery conferences around the world. At these meetings, we have developed a close friendship. I have learned a lot from his teachings. I have always known that his outwardly carefree and cheerful nature belied an underlying, intense sense of purpose and quiet determination. I have always been curious of his upbringing and sacrifices that he made to forge such a personality.

It was therefore fascinating and enlightening to read Dr. Tsao's autobiography. I learned a few valuable life lessons from reading this book. First, is that we all need a good role model to inspire us to greater heights. Dr. Tsao talked profoundly about his role model, Dr. Samuel Noordhoff, a surgical hero of our generation, who not only inspired but also deployed wise coercion to pushed Dr. Tsao to develop and achieve things that he otherwise might not have done.

The second lesson is more transcendent. It is about developing knowing when to let go and move on. He showed this by his dedication in building the Kaohsiung Chang Gung Craniofacial & Plastic Surgery

Department from the ground up, and planning succession for the appropriate time when it time to let go to allow his own students to take charge and bring the department to greater heights. At the time of his departure, his foray into private practice in the Kaohsiung was fueled by the same determination to provide high caliber plastic surgery care to the local community at a "grassroot level."

The final, and likely most important, lesson, is that we all need to strive for balance in our professional and personal life. Despite his very busy private practice, he continues to be active in academic work writing and publishing numerous scientific papers and books. He is also active in various national and international plastic surgery societies. He also talked about spiritual wellness with Christianity eventually becoming his spiritual rock. This balance gave him as much professional as well as personal satisfaction and should be something we should all aim to develop.

While this book may read as a narrative of Dr Tsao's roots in his academic and professional development, it is so much more. It reflects an aspect of life that we all know and feel but may have a hard time verbalizing. At the end of the day, as hard as the journey of medicine is, life is harder still. Dr. Tsao through his personal stories of sacrifice, persistence, tenacity and patience, guides and comforts the reader on how to navigate these waters. To the aspiring medical student or resident in grueling training or even simply those who are curious, this book delivers an apt understanding of how and, importantly, why great surgeons become who they are.

Dr. Chin-Ho Wong

Plastic Surgeon

Singapore

從

心

所

欲

曹

賜

斌

行

醫

隨

筆

始終如初心

■ 文・陳建宗

　　本文作者曹賜斌醫師是一位出色又有愛心的整形外科醫師。文中敘述自幼求學過程，歷經辛苦的專科醫師訓練，奉命隻身南下創立高雄長庚顱顏中心，其後自行創業，成立美容醫學診所，帶動台灣南部醫學美容的風潮。事業有成後，積極投入公眾事務，包括相關專科醫學會的參與，並擴大台灣美容醫學在社會及國際的影響力，同時推動公益活動扶助人群、貢獻社會。近年來曹醫師成立國際疤痕中心將其新的醫療技術擴展至全球，也因為這樣在醫學成就及貢獻，榮獲2023年奧地利史懷哲國際基金會頒發的「醫學科學藝術新創獎章」。本文內容淺顯易懂但是又深入人心，令人感動並具有啟發性。個人身為醫療工作者，鄭重推薦給年輕學子，從事醫療為志業應向本文作者看齊，始終如一勿忘初心，可藉由本書內容再次觸動內心的熱情，貢獻己力於社會。

（本文作者為林口長庚醫院院長）

共知與共感

■ 文‧林曉曦教授

　　幾個小時，我一口氣讀完了我們的台灣同行朋友，台灣美容外科醫學會前任理事長曹賜斌醫師所書寫的自傳《從心所欲──曹賜斌行醫隨筆》。曹理事長出生於 1951 年，今年 73 歲，和我的兄長年齡相仿，所以讀時有種類似體驗兄弟情義的意味和感受。

　　這本自傳，每一節行文短小精悍，內容非常聚焦，觀點清晰而單純，讀起來非常輕鬆，令人渴望一口氣看完。跟著自傳，我們在短短數小時，經歷了曹理事長描述的尚在流動的 73 載人生歷程，其中 40 年的整形與美容外科生涯，如同一部緊湊而吸引人的整形外科歷史電影，夾雜著很多撲面而來的人物和故事，似乎看到了自己也穿插其間，有很多雷同的經歷，有很多共鳴的觀點，有很多指導未來的啟示，無論對年長的同仁，還是對年輕的來者，都會從中得到裨益終生的啟迪。

　　自傳中，我們可以遇到從美國到加拿大，一直到台灣，到長庚醫院，很多其實非常熟悉，且令人尊敬的整形外科前輩，關於他們的言行的描述，生動、貼切而真實，有

時真切得如晤其人，有時又令人扼腕唏噓。

我是 2017 年底受曹理事長之邀，到台北華南銀行總行大樓國際會議中心，參加台灣美容外科醫學會國際學術年會，此前已經到台北和高雄參加過多次的學術盛會。記得此次我的演講內容，主要是關於面部年輕化的各種常見術式的適應症，包括自己的實踐心得和推薦選擇的結論。無論是前一天的歡迎晚宴，還是次日的主會場，令人印象很深刻的是，曹理事長永遠保持非常積極向上，非常機敏、智慧而熱情的精神狀態。會議之後，我們在酒店大堂裡問他精神狀態為何會這麼好，曹理事長說他也是一個研究抗衰老的學者，他認真講述延緩衰老的一些技巧，如何健康地實現少進餐，多睡覺等充滿理性考驗且延年益壽的正確生活習慣，其實，比起這些戰術與技巧，保持在事業和生活上積極向上的正面精神，秉持與生俱來的精神和追求，才是真正的秘笈，是一種融合了東西方文化而產生的特殊的能力，這或許是東亞人近一個世紀來再次崛起的獨特文化秘方和種族背景。

此後，台灣美容外科醫學會在曹理事長的主持下，和上海交通大學醫學院附屬第九人民醫院整複外科簽署了合作備忘錄。在他擔任的期間，學會的學術活動非常活躍，我們在大陸都不時能感受到。次年春天，2018 年 3 月下旬，曹理事長帶領著台灣美容外科醫學會之團隊成員，參加了上海整形科技周及我們學科每年春天主辦的上海國際整形美容外科大會，我們針對面部年輕化為代表的美容外科核心問題，展開非常友好而高品質的學術交流，雙方都收穫頗豐。

疫情之後，兩岸的交流幾乎中斷，但到 2022 年 4 月，我們又在台灣

美容醫學產業春季聯合學術研討會上合作，這個會議上，我以線上的形式和曹理事長共同主持了面部年輕化論壇，兩岸雙方各派四位知名的美容外科專家，針對面部年輕化的手術和非手術的治療技術進展，分別做論述，最後我們兩位主持人作評價，曹理事長做了周全的總結。曹理事長有良好的工作學習習慣，無論多忙，會後，他就迅速總結，甚至發表了貼文。而在上海的會議期間，我也注意到，在我後一排的曹會長，居然仍然兢兢業業，安安靜靜地做筆記，認真記錄所有的重要知識要點與實踐進展，這對於像他這樣已經在理論和實踐兩個領域都有豐富積累的美容外科領袖和前輩，實在是難能可貴的。

我們在閱讀曹會長的新書中，我們還對羅慧夫院長管理長庚醫院整形外科的經驗和方法非常感興趣，這裡面包含了長庚整形外科良性發展的秘笈，在中間可以看到學科非常強大的前瞻性和執行力，還有為了學科發展而實施的嚴明紀律，難以忘懷的 "no excuse"。在文中多次提到的陳昱瑞教授，是在兩岸都深受大家敬重的曹理事長的好師兄，在書中多次看到陳昱瑞教授，非常熟悉，就如同在陌生的地方偶遇到自己的親切的兄長和良師益友。

作為整形外科的同仁，不得不提到我們中華民族所具有的獨特的創造性，以重建顯微外科為例，無論是在 60 年代的國際第一例斷肢，第一例斷指移植，第一個前臂皮瓣（Chinese flap），第一個股前外側皮瓣（ALT flap），這兩種皮瓣曾是兩種國際上最常用的遊離皮瓣，還有天才的創造，即第一個預構皮瓣（prefabricated flap），都是來自我們華人的原創性貢獻，所以兩岸在整形外科領域的原創能力上，還會具有非常巨大的潛力。

我們有一些獨特的思維哲學和工作習慣，具有東亞民族獨特的特點，是我們要秉持和發揚的。書中，曹理事長提到了他專門到夏威夷研修美容外科時，跟美國外科知名專家所學到的美容外科技巧，在東亞人中卻難以直接使用。正是因為東西方文化背景的不同，我們才更有機會推出全新的手術方式，治療方法和創新思路，和西方人一樣為人類的醫學發展做出我們的貢獻。

最後，我不得不說一下，我和曹理事長居然都經歷過一個非常相似的故事。我從小非常喜歡書畫藝術，同時也是各科成績比較優異的學生。在高中的最後一年，我的興趣點在愛因斯坦文集上，為了把科學和藝術能力融合起來，我決定選擇建築學為高考第一志願。但我父親在我最後填表的時刻，他第一次鄭重地來到學校，他希望我改變主意，力勸我選擇學醫，這是他第一次干預我的選擇。如果看了曹理事長的自傳，會看到非常雷同的父親做法，曹理事長的父親直接到學校把他報的理工科志願改為醫學類，我們後來都依從了這個影響畢生的決定，並非常享受這份職業帶來的光榮和使命，可敬天下父母心啊！此外，還有一個巧合，曹理事長的父親活到 100 歲，而我父親 2021 年離世時也接近 99 歲。總之，在我閱讀本書的時候，如同穿越其中，看到或遇到很多似曾認識或相遇過的故人，回想或聯想起很多美好的往事，從此，既能看到已經遺忘的過去，也看到尚在遠方的未來。

（本文作者為中國整形外科國際版學術期刊 CJPRS 主編）

醫者三不朽

■ 文‧邱文通

《左傳‧襄公二十四年》：「太上有立德，其次有立功，其次有立言。雖久不廢，此之謂不朽。」立德、立功、立言的「三不朽」，是中國人追求人文思想領域的終極價值，身為美容整形外科的權威名醫，曹賜斌醫師奉行的正是這樣的精神。

已故的羅慧夫醫師，一手創立台灣的整形外科制度，在他人生最珍貴的四十多年歲月，都奉獻給台灣，長庚醫院體系整形外科醫師幾乎都是他的學生。在長庚醫院時期受到羅慧夫醫師提拔的曹賜斌，非常感念恩師的栽培，在每年的「羅慧夫日（Noordhoff Day）」都會發表追思專文或演講，並以傳承其醫學人文精神自許。

師承羅慧夫醫師的曹賜斌，不僅在醫術上力求卓越精準、在醫治時力行「整形整心」，更難能可貴的是，他貫徹「十一奉獻」的精神。曹賜斌整形外科診所每年九月都會舉辦周年公益活動，捐出診所當月營業所得的百分之十，協助唇顎裂顧顏孩童們的醫療費用，以此向恩師羅慧夫致敬。此外，為了發揚老師的醫術，曹賜斌不斷精益求精，鑽

研「去白疤除心疤」，在在體現了「以醫傳愛，用愛立德」。

立德為先，其次立功。曹賜斌熱心醫界同道的公共事務，不僅曾任台灣美容外科醫學會理事長、南台灣整形外科醫師協會創會會長、高雄唇顎裂暨顱顏協會創設人及榮譽理事長，以及南長庚醫師聯誼會首兩屆理事長，更是台灣醫療觀光的倡議先行者與領導人。早在十多年前，他率先發起成立高雄市醫學美療觀光推展協會，擔任創會理事長，催生高雄國際醫旅園區，強調高雄市發展美容醫療觀光有絕對優勢，因為「台灣診所密度最高的是在高雄市，不是台北，不是台中」。

時至今日，緣於政府相關部門的消極以對，台灣的醫療觀光未見落實，但曹賜斌始終堅定不移、不改其志。在 2023 年襄助台灣美容外科醫學會理事長張松源首創「成人之美獎」選拔活動的同時，決心重起爐灶，再次高舉倡議暨推動醫療觀光的大旗。他堅信，「成人之美獎」活動的意義，除了獎勵勇敢接受手術，讓人生發生正向改變的個案之外，更有助於宣揚台灣美容整形醫學的實力，提升台灣的國際形象文化力，並配合政府觀光政策，藉由醫療觀光來振興台灣的經濟。

再其次是立言。曹賜斌除了時常在國際重要醫學期刊發表專業的學術論文之外，還陸續出版了《美麗金三角：造型彩妝整形白金級診療室》、《我的愛美書：美白、瘦身、青春一氣呵成》、《整形整心》，以及《整形 4.0》等四本專書。前兩本書的內容著重美容整形外科的「術」，後兩本則涉及追求美麗人生的「道」：那就是「整形」同時也要「整心」，才能創造一個真正內外皆美的你。之後的《整形 4.0》一書，則更進一步闡述從重建、美容、整心，進化到公益扶助的整形新天地。

　　從認識曹賜斌醫師之初，到攜手推動「成人之美獎」選拔活動，前後不過兩年有餘，總結經驗是「望之儼然，即之也溫，聽其言也厲」，繼而詳視其行誼作為，確確實實是一位奉行三不朽的整形外科名醫。展讀曹賜斌醫師親筆撰述的《從心所欲─曹賜斌行醫隨筆》，當知「其人也，為世美談，名實相副」，是為之序！

（本文作者為聯合報系文化基金會營運長兼有故事創辦人）

活出上帝博愛的精神

文・王慰祖

當我知道曹賜斌院長即將出版新書《從心所欲——曹賜斌的行醫隨筆》，同時承蒙曹院長邀請推薦序，自然義不容辭的接下這個任務，與讀者們分享我心目的曹賜斌醫師。

雖然認識曹賜斌院長僅有不到兩年的時間，但是對於這位出自林口長庚醫院創院院長羅慧夫醫師門下的大弟子之一，在南部美容整形領域位居「南霸天」地位的整形外科大老並不陌生，然而只限於「耳聞」。

2022 年在一場晚宴很幸運的與曹院長同桌，即使彼此是第一次見面，我就被同桌這位親和力十足、散發出溫暖與個人魅力的整形外科醫師深深吸引。因為在醫療圈長達三十年的時間，認識的醫生何止成千上萬，但是從未見過這種特質的醫生，於是激起了好奇心，不久後特地南下親自「會會」這位整外大老。

對於旗下有多位記者可以指派、早已不需要親自採訪的我來說，我想，不假他人之手、自己擔任記者，透過訪談，讓自己更了解曹賜斌醫師能夠擁有「整外南霸天」崇

高地位的由來，是不是浪得虛名，透過三十年媒體記者經驗一問就能見真章，當然，結論就是曹賜斌醫師的確是貨真價實的「整外南霸天」。

曹賜斌醫醫師四十年前在恩師——羅慧夫院長安排下，於 1985 ～ 1986 年前往美國邁阿密大學醫院、加拿大多倫多大學醫院、梅約醫學中心擔任整形外科研究員，學習最先進的顱顏重建手術。

1986 年 6 月底仍在梅約醫學中心臨床進修時，曹賜斌醫師在恩師羅慧夫院長一封電報召回，奉派南下至當時甫創院的高雄長庚醫院創設整形外科相關科務，同時擔任創科主任，這也是他第一次單槍匹馬「南漂」打天下。

經過了十年，在達成恩師指派的任務目標，協助高雄長庚醫院奠定整形外科領域的穩固基礎後，自認完成階段目標，決定在高雄開業，將自己在整形外科所學的紮實臨床經驗在開業市場實現。

正式開業的曹賜斌醫師不僅是南台灣最早開業的整形外科醫師之一，同時成功整合整形外科診所定價制度與規範市場機制，將開業醫市場制度化，讓這個機制從南往北延伸，這也是曹賜斌醫師受到整外醫界敬重的主要原因。

真正讓我佩服的是，在將近三十年前的整形外科領域，要能夠捨棄在醫學中心崇高的學術地位以及紮實的顱顏重建手術技巧，日後有機會在此領域成為大師級的醫師，轉而投入當時非正規醫美雜牌軍、密醫診所充斥的南部美容整形市場，這是要有何等的決心，然而曹賜斌醫師義無反顧選

擇走一條艱辛的創業之路。

當年剛踏進美容整形開業市場，曹賜斌醫師除了透過自己願意無私分享手術方式，藉以提升南部整形外科整體的水準，同時進一步團結南部整形開業醫，在自己於高雄市開業後的第二個月即邀集南部八個縣市的所有開業整形外科專科醫師，在自己開設的診所舉行院長會議，讓同業明白彼此是夥伴關係，希望能夠團結合作共事、互惠。

令人感到驚訝與感動的是，曹賜斌醫師剛踏進開業市場，即表明非常樂意教導同業美容整形技巧，而且不收取任何酬勞，目的只有一個，就是希望同業能夠擁有一致的水準，提供整形求治者最安全且優質的醫療服務，同時團結對外、不可以內耗，進一步共同打擊密醫，讓當時為數眾多、以誇大不實宣傳為生的雜牌醫美診所與密醫退場，維護大眾整形安全，如此才能夠擴大營運領域，以優質美容醫療服務大眾。

曹賜斌醫師設立了「南台灣整形外科醫師聯誼會」，整合了南部八縣市開業整形外科專科醫師，之後有不少在醫院服務的整形外科主治醫師級以上的醫師加入。

在成立聯誼會後，曹賜斌醫師對內要求同業要自律、教育成長，對外要正派執業，並且從事美容整形衛教工作，維護整形求治者的安全，同時著手制訂聯誼會公約，包括每個月定期召開學術與執業實務研討會、報章雜誌共同撰寫美容整形衛教專欄，提供社會大眾正確整形資訊還有資訊的管道，同時制訂公平合理的美容醫療收費標準並且公開，保障整形求治者

的權益，他還請同業醫師們的工作時間都要一致化，回歸與大醫院相同的白天上班時間。

甚至對於最敏感的公開收費標準，曹賜斌醫師從他自己的診所做起，率先公開所有治療價格，讓其它同業診所打開心結，之後南部的同業診所陸續公開自己的價格，完成台灣第一個自費美容整形正規軍的收費價標準。

他藉由讓社會大眾知道南台灣開業整形外科正規軍的收費行情，這樣的做法可以和非正規軍（以及密醫）高低不一收費標準做出區隔，得到整形求治者的認同，進一步穩固及擴大市場。

從第三年開始，將此收費標準辦法，在曹賜斌醫師擔任理事的台灣美容外科醫學會理監事聯席會議中提出討論，成為全國性的制度，經過理事會議決議後獲得通過，採用這個提議的辦法推行，這個創新的美容醫療收費標準參考價制度在全國通行，一直到今天。

或許大家不知道，曹賜斌醫師 1996 年正式開業，率先導入美國式兼具隱私性的先進看診制度，整形求治者報到後，即被安排至個別獨立寬敞的診間候診，醫師是在求治者之後進入診間，讓求治者能夠在兼具隱私且受尊重的方式接受診治。

也因為這種以病人為中心的看診模式深受整形求治者青睞，愈來愈多整形求治者前往尋求他的診治，曹賜斌醫師也發現到選擇在醫院的整形求治者數量少，而且美容整形手術種類不夠多，以至於當年在大醫院的年輕整形外科主治醫師或中型醫院的整形外科主任，很難獲得足夠的臨床學習經驗，導致出現美容整形技術很難再精進。

　　正因為當年整形外科診所的求治者遠多於醫院，很多在大醫院服務的醫師想要私底下前往整形外科診所學習手術技巧，但是當時國內私人整形診所素質良莠不齊，甚至充斥著密醫，真正擁有整形求治者數量多且治療種類廣泛，而且有臨床實例與有意願教學者遍尋不到。

　　本著回饋恩師－羅慧夫醫師當初對於學生無私傾囊相授的上帝博愛精神，還有提攜後進的理念與學術傳承的使命，曹賜斌醫師竟然做出了一個讓同業難以置信的舉動，亦即他對外宣布歡迎在大醫院服務、年資滿三年以上的整形外科主治醫師，他願意不收任何酬勞，將以往所學以及善加運用開業後累積的大數據資源作為臨床教學用途，教導這些想要精進整形手術的年輕醫師，在他的診所實地學習美容整形臨床技能（包括看診與手術）。

　　正因為曹賜斌醫師十多年來在高雄整形外科市場建立的地位，消息傳出後，來自全國各地的醫師蜂擁而至，而且他對於前往進修研習的主治醫師或主任級醫師均一視同仁，平均分配臨床學習的機會，例如讓見習的醫師先看初診，之後整形求治者轉往隔壁診間接受曹賜斌醫師的複診，最後見習醫師再加入，觀察他如何與求治者交談、應對診斷，以及如何處理術後併發症，讓這些見習醫師可以實際體驗自己與老師看診處理的異同，所以能夠快速學習成長。

　　至於手術訓練部分，曹賜斌醫師先安排見習醫師觀摩他執行各種美容手術，再進一步安排見習醫師實地執行手術的機會，做法則是先讓見習醫師觀看他執行某項手術兩次，再安排學生初診這項手術案例，之後再安排學生主刀手術，老師在旁邊擔任助手與輔佐，在手術中若發現重要手術步

驟無法順利與無法正確執行時，曹賜斌醫師即接手繼續執行手術，以維護優質手術品質。

當然在治療過程曾發生整形求治者不願意由見習醫師執行該手術，曹賜斌醫師還會讓求治者知道負責主刀的醫師並非實習醫師，而是來自各醫院的整形外科醫師或主任級醫師，並且強調他本人也在手術檯旁，讓整形求治者可以安心，甚至願意折讓治療費用給整形求治者，目的只為了傳承給年輕醫師，這是一種何等偉大的情操，至少在我從事醫藥新聞採訪逾三十年的生涯中，從未見到的現象，曹賜斌院長堪稱第一人，相信以後也不太可能出現。

正因為曹賜斌醫師無私且無償訓練年輕整形外科醫師，前後累計有數十位來自全國各大醫院的醫師受益，各自在自己任職的機構擔任主管或順利開業擔任經營者，曹賜斌醫師訓練出來的子弟兵在各地開枝散葉，間接協助這些年輕後進順利開業，最重要是做到他秉持恩師－羅慧夫醫師無私奉獻的精神，讓「美容整形、安全第一」的初衷得以傳承下去。

希望透過此推薦序，讓更多社會大眾知道台灣有曹賜斌醫師此等「良醫」，如同像是羅慧夫這種遠渡重洋來到台灣的「洋大夫」，無私的奉獻給台灣這塊土地與百姓，活出上帝博愛的精神，實為台灣民眾之福。

（本文作者為醫藥新聞週刊社長）

當仁不讓的醫者

■ 文‧林岱樺

　　首先感謝曹賜斌院長給我機會為新書《從心所欲——曹賜斌的行醫隨筆》做推薦人，本書記載曹賜斌院長人生成長的心路歷程，從出生、就學、習醫、行醫到創業，都在貢獻專業、服務公眾，相當不容易，跟從政的辛苦相比，是有過之而無不及。岱樺與曹院長熟識多年，長期並肩作戰，有著革命的情感，從政路上曹院長給我許多支持與鼓勵，在醫學、政治或是其他不同的領域上，總能適時的提供一些建議。

　　我曾在 2019 年 1 月召開「推動美容醫療觀光諮詢會」，邀集曹院長所率領的台灣美容外科醫學會相關人員、衛生福利部官員及整形外科醫界出席，此次會議亦獲得衛福部肯定力挺，美容醫療觀光正式啟動，並促成「推動美容醫療觀光、振興台灣經濟」等 4 項決議；同年 8 月，由時任衛福部薛瑞元次長（現衛福部部長）於「推動台灣美容醫療觀光會議」中拍板定案，答應由衛福部主導，並將以推動國際醫療相同之力道與人力來推動美容醫療觀光。

　　為讓台灣美容醫學產業化，活絡台灣經

濟，2022 年 3 月我邀請台灣美容醫學產業全國聯合會（理事長蔡豐州、副理事長曹賜斌）、衛福部、僑委會等相關單位，為春季聯合學術研討會——「美容醫學產業產官學共識論壇」率先召開會前會，一同討論共識論壇的主軸議題，並請時任僑委會委員長童振源協助宣傳美容醫療相關事宜。

2022 年 7 月「台灣美容醫學產業全國聯合會」移師高雄，首次舉辦南部論壇，我有幸和曹院長一同聯合主持「如何落實推動醫療觀光」活動，與美容整形醫界、產業界等，互相交流學習，一致認為醫療觀光先由高雄試行，一步一步走向全國，將高雄塑造成台灣美醫及醫療觀光之都。

曹院長一生不畏懼任何挑戰和困難，尤其從林口長庚醫院南下至高雄長庚醫院，花了無數的時間和心力，從無到有的過程中雖然篳路藍縷，但在曹院長堅持不懈的精神，不斷的研究學習，突破逆境，將高雄長庚醫院整形外科打造成南台灣數一數二的整形軍團，更為高雄的醫療寫下創新的一頁。曹院長也長期關注高雄的醫療發展，為尋求突破，並提升更大服務及貢獻醫療所長，離開待了十年之久的高雄長庚醫院，於是創業開立「曹賜斌整形外科診所」，對高雄來說更是一大福音。

除了推動在地醫療美容觀光外，曹院長長期關心國家發展，積極帶領台灣醫療美容產業走向國際化。2023 年 12 月 14 日曹院長創立「國際白疤中心」，白疤在國際上被視為是無法治癒的疤痕絕症，曹院長歷經數十年的研發下，以新技術取代傳統的治療方式，解決白疤患者長久以來的困擾，堪稱是台灣「白疤之父」，其「白疤顏色再生術」獨步全台，更是世界第一，其歷史定位無人能出其右。曹院長也樂於將所學所知傾囊相授，

不會藏私，並期盼將中心打造成教學醫療、醫師培訓中心，將技術傳承給後代，無私奉獻的精神，實在是令我敬佩！

俗話說：「台上一分鐘、台下十年功」，曹院長就是最好的典範，我相信只要是對台灣的醫療及美容觀光產業有助益的事，曹院長一定當仁不讓、竭盡所能的投入和付出，將畢生所學付諸於社會，最後，我要感謝曹院長為高雄的貢獻，讓台灣醫療越來越好，祝新書發表順利成功！

（本文作者為立法委員）

與時俱進的領航者

■ 文‧宋瑞珍

台灣的醫療在國際排名多年來一直在世界之最。

2023 全球醫療照護指數年中排名，針對全球各國進行評比，台灣以 85.9 分排行世界第一，台灣評比連續 8 年居世界之冠。

台灣 1987 年成立東南亞第一個顱顏中心，擁有完整專科醫師團隊，其中唇顎裂修補成功率達 100%。曹賜斌院長在其中占有重要之一席之地。

曹賜斌院長是世界金字塔頂端的醫師，實至名歸！

曹院長已寫了四本科普著作，這第五本書《從心所欲——曹賜斌行醫隨筆》，特別書寫出近一個世紀的台灣，從民國 40 年代到現在，可說是最輝煌、也是最艱難的台灣。這本回憶錄似的記事，在不同章節中可以讓許多不同階段的人當作寶典，年輕學子可以學習讀書考試的思維，及早設定目標，並在競爭壓力下快樂學習。在當時大學入學考試競爭之激烈，難以想像那時不但大學少，各校規模也都比今日小很多。像是清華大學，直至民國 60 年，大學部只有 4 個系，

各系每年收 45 位學生，一年只有 180 位大一新生，全校大學生僅 720 人，而大學聯考中最頂端的醫學院新生，更是鳳毛麟角、少而少之。

本書也可以讓許多剛踏入醫院的年輕醫師們，將如何面對職場，及選擇在醫院服務與執業之路。而在這過程中，又如何在百忙中研發新技術，和不停的創新與發表國際論文，與時俱進與引領台灣整形醫療國際化。

曹院長從學生時代就開始作志工，數十年如一日作慈善的社會企業，他對國家社會的關愛如何執行，他的時間如何分配？我常和診所員工開玩笑說，曹院長是這世界上最有活力，體力精神力量無人能及特別的人。

在書中可以看出他的赤子之心，在吹口琴、在攝影、在歡唱時，盡情享受當下，更是能夠融入而成就全方位的結合，美與藝術連結的人格特質，也是曹院長之能成為整形名醫的重要因素。書中可以看到作者不止聰明還認真專注於專業領域，全心忘我投入，在他身上可以看到許多成功的特質，其一是他常對員工說的，一件事不只要做，還要做對，更要做好。他的堅持到底，心無旁鶩，成就了一個如此驚艷無比的曹賜斌。

在我當曹賜斌整形外科診所顧問二十幾年來，我看到最難得的，是他永遠保有熱情，熱情是很重要的態度，熱情讓一個人對一件事永不放棄和充滿能量。不管事情的困難永不放棄，熱情是讓自己往前走的能量，這也是曹院長不會累的原因。

他也不吝指導後輩，完全不藏私。我曾開玩笑的說您的獨創技能別教其他醫師，全世界的白疤患者就將都是您的擁護者了，他回應我說沒關係這樣才能嘉惠更多的人，況且經由教學相長，我還能日新又新的因而讓自己研發出更好、更多的技術。曹院長就是有這種愛世人的態度，也因他對

台灣的愛成功促成首次大陸美容醫療觀光團（由大陸三十多省的醫療團隊組成）至高雄，進行一周左右之高雄醫療及全國觀光之旅，**轟動全國**，也樹立台灣美容醫療觀光之成功里程埤。

特別要提出來的是他對去除白疤的獨創手術，除白疤去心疤。研發這技術源於他恩師羅慧夫院長的引導，和他對唇額裂患者長期投入的愛。通常一個唇額裂患者從初生起三個月大的唇裂修補手術、一歲的顎裂修補手術，到後續臉形、語言、牙齒等等治療，需要長期治療到 18 歲，在漫長的治療過程中，面對身心的挑戰，到後來最後嘴唇上的一道白色疤痕，就像烙印在靈魂裡的最後一道功課。

曹院長念茲在茲長年思考如何將其上唇疤痕去除的愛，讓他研發出能讓白疤完全看不見的創新醫療技術。而治白疤除心疤，白疤看不見後才能讓患者得到真正的內心自由。

長期以來（從他讀醫學院時）的志工習慣，一直到從育幼院到監獄到為社會奉獻，數十年如一日不改初衷。他不是只有出錢，他最難得的是親力親為，他認養了幾位育幼院孤兒，每每在節日都和孩子們團聚，給予他們溫暖，長期的愛讓孩子們也視他為父，現在孩子們也有人結婚生子，其子也叫他爺爺，可見這 20 多年認養和互動的真實性。

他尊重專業也刺激專業，記得二十幾年前，我和曹院長初次見面、諮詢擔任診所顧問職位時，他一手拿筆記一邊聽一邊記錄，這件事讓我感動至今無法忘懷，因為當時的我還沒今天的知名度，對一個普通人都如此尊重，何況當時曹院長已經聞名於醫界，他不是只要求員工要作紀錄，他一直以來自己都是這樣作。業內有句話說，只要從曹賜斌整形外科訓練出來

的員工，業內都搶著要。診所有幾位護理師因故離職後，回來診所開心的分享著，她新職場的醫師都很尊重她，並於手術時會詢問她曹院長這個刀會如何開，讓她錯愕也高興與有榮焉。

他訓練員工除有固定教委會職能訓練外，也有福委會專門舉辦員工休閒旅遊。在工作時的高標準嚴厲要求，及放假時完全融入和員工歡樂互動，呈現出完全不同的曹院長，這是嚴師也是全方位把員工當做是子女般在教育啊！

這是一本每個人在任何階段，都能當指引前進的人生寶典！

（本文作者為中華占星心理諮商學苑創辦人、作家）

充滿信望愛的弟弟

■ 文·曹淑富

我的二弟賜斌，從小聰明，活潑好動，眼珠靈活，笑口常開，小時候我家住南投，附近多是稻田，他不愛穿鞋子，經常赤著腳在外面跑來跑去，當孩子王，跟小朋友玩田野遊戲，灌蟋蟀、黏蜻蜓、挖豬寮蚯蚓去釣魚，玩彈珠、橡皮筋，尪仔標技術一流，象棋功力更強，打敗附近小孩無敵手，連大人都甘拜下風，封他為棋王，當媽媽要他上學時，他就坐在地上大哭，不肯去學校。小學畢業後，考上台中市一中，十三歲就離家住宿在外，很早就開始獨立自主生活。

他與我們家人很親，一有機會就招呼大家來聚餐，最愛說「來高雄啦！」不然就是趁北上開會時，約大家相聚，多是他招待吃大餐，看到大伙同聚一堂，熱鬧吃喝，他就快樂。聖誕節扮聖誕老人，搞笑逗大家開心。他對晚輩愛護有加，關心鼓勵，曾去紐約探望我女兒，帶我洛杉磯兒子去瑞士、加拿大開會，增廣見聞。幫侄子介紹工作機會，也成為家族孫子銷售汽車的第一個客戶。

他為凝聚家族團結，出鉅資設立曹氏家

族公基金，提供老中青三代一起旅遊，都是住五星飯店，吃高檔料理。又成立公基金執行小組，讓中生代執行家族團聚、旅遊之事務，以延續世代傳承。

他剛在高雄開業時，我們都興奮地組團去微整型，個個眉開眼笑，年輕好幾歲。而他在國泰醫院當住院醫師，剛開始賺錢時，就預測二十年後台北將往東區發展，於是省吃儉用，分期付款，為父母買下當時仍是荒郊野外的東區新房子，那時爸爸很反對，拒絕從熱鬧的中山北路搬去那麼偏僻的郊外，沒想到現在是大巨蛋和松山文創園區的鄰居了。

他為人熱情豪爽，樂意助人，會幫人端咖啡、拉椅子，撿掉下的東西，精力充沛，善於時間管理，常看他在報紙上發表評論，舉辦義診，協助弱勢團體，推動醫療觀光，還能定期上健身房、騎腳踏車、玩攝影、彈吉他、吹口琴、跳國標舞，除了忙碌的看診、開刀、開醫學會，還有時間寫作，出了四本書，也研究美醫新技術，發表論文，幫最權威的美國美容外科醫學會期刊當論文評審委員，感覺他的二十四小時比我的長，他說他都睡足八小時，真不知他時間從哪來？

我的信仰改變，接受耶穌，就是被他感動來的，我曾與他去探望六龜育幼院他認養的三個孩子，他是來真的，像真爸爸一樣寵愛每個孩子，一有空就帶禮物去探望鼓勵他們，十多年來直到他們結婚生子都不間斷，還組另一個家庭群組持續關懷，這麼大的愛從那裡來？

當人生遇到挑戰時，他都是積極正向、樂觀迎戰、永不放棄，正能量百分百，這樣的信心從何而來？他從不向我傳教，是我真正被他行出來的一切所感動，而去尋找那加給他力量的源頭。

　　他這次再出第五本書，寫了很多我們家小時候的事情，很多我都忘了，他記憶力超好，大小事都記得，還隨時作筆記及存留照片，實在佩服這個優秀的弟弟。

　　在此，預祝我們家曹賜斌醫師這本書再次熱賣，登上暢銷排行版！

（作者為曹賜斌胞姊）

CHAPTER 1
成長與習醫

自小優秀 得「神童」美名

我於 1951 年 12 月 25 日出生於南投市（當時稱南投鎮），在四位兄弟姐妹中排行老三，上有兄姊、下有弟，父母皆為公教人員，父親為公職人員、母親為教職人員，家境小康。

我家原本住在台北市，1951 年因父親之公職由總統府南調至南投縣政府，我就是那年在南投鎮出生。直到我唸醫學院時、父親公職退休後，我家才由南投鎮再搬回台北市。

我童年家住南投縣政府宿舍，國小就讀南投鎮平和國小，國中就讀台中市立第一中學（現為居仁國中），高中就讀台中第一高中（簡稱台中

曹賜斌（左）與其兄長在南投縣政府宿舍之家門前合影。

一中），大學就讀中國醫藥大學西醫學系，碩士就讀高雄國立中山大學EMBA（1995 年－1997 年）。

我因讀書關係在台中居住十二年，在南投住十二年，在台北老家住十年多，現則在高雄居住三十多年，所以要說我到底是哪裡人，有時竟難以一言定之。

父母親說我自幼即調皮、好動、愛哭，精力過人又好勝，一哭即數小時之久，直到累了才會停止。

從小學一年級起，我每年皆擔任班長，直到小學六年級畢業為止。小學五、六年級時竟還被級任老師指派為其代理老師，在每天學校下課後之兩小時的老師課業輔導期間，時而要代理老師上台輔導同學課業，當時別班同學常因此稱我為小老師。直至我母親在我小六時去向老師抗議後才停止，因當時我放學回家後常向父母抱怨手寫黑板太痠太累。

我小學期間的表現文武雙全，比賽樣樣得第一，包括學業成績、演講、作文、書法、賽跑、跳高、跳遠、躲避球等等，沒辜負父親取的名字意涵，畢業時獲縣長獎。下象棋亦是，連大人皆贏不了我，當時因而得了神童之稱號。

初中考入台中市立第一中學（現稱居仁國中），開始離家至台中住宿上課，周末才回家。

住在民宿期間，因房東喜打麻將，每晚多須等其麻將結束才能吃飯，等待期間只能觀看其打麻將，因而學會了打麻將技能，至今還忘不了。

初一及初二因成績優異，初三時獲選進入學校首創之第一屆狀元班上課，以求市立一中學生每年皆能如往年般，持續拿下中部五縣市之男女高中聯考狀元。

然事與願違，在學校連辦兩年狀元班後，反而市立一中的學生都無人

能拿下男或女狀元，狀元班制度因而被廢止。

狀元班集全校最優男女學生與老師於一堂，卻教不出狀元生，怪哉！可能是物極必反，強取豪奪逆天意吧！

雖沒拿下男女狀元，但狀元班每位同學皆考取第一志願之台中第一高中（簡稱台中一中）及台中女子高中（簡稱台中女中），且名列前茅，我也不例外。

狀元班雖課業要求繁重，每周一小考、每月一大考，苦不堪言，但賺到全校唯一男女合班之「好康」機會，羨煞其他班同學。

當時我的另一收穫，則是拿到人生第一封情書，由同班某一女同學、現已忘記其名字者，偷放在我書桌內櫃而得，內容大致為愛慕之意，當時雖心跳加速暗喜，但青澀少男心卻不敢表態、付之行動，因而中斷此「初春」情。

代表學校參加中部地區作文比賽，則是我在狀元班時，除了「初春」外，最感得意之事。

狀元班同學彼此惺惺相惜，榮譽與共。去年某位旅美同學發起成立同學會重逢，一時間眾同學紛紛響應，在美、日、台各方人馬滙聚歸隊，中研院院士、醫師、工程師、董事長、大學教授等等，都屆七十歲之社會望重賢達者，見面時卻不約而同都脫下職場面具，彼此無大無小地互相嬉笑打趣，白頭宮女話說天寶元年般地敘舊寒暄，恍惚間又回到那青澀年華的狀元班時代，好不快樂。

父親出奇招 成就行醫路

高中在台中第一高中（簡稱台中一中）就讀時，發生了改變我一生之大事。

我從小就喜愛接觸生物、養狗、釣魚、抓蟋蟀、蜻蜓、蚯蚓、種樹、種菜等等，皆是最愛，所以小學及初中之作文課有「我的志願」題目時，就常寫著將來要當醫生救人。

然而在我高中二年級時，受到楊振寧、李政道聯手榮獲華人第一個諾貝爾獎之重大激發，興起有為者亦若是之雄心壯志，故在高二下學期更改了

曹賜斌高中時期在台中一中時之照片。

大學聯考志願，由原本之丙組（醫農組）改為甲組（理工組）。

父親聞訊後力勸我，但我當時年輕氣盛不為所動堅持己見，父親見力勸無效，竟然在學生選填志願的最後一天晚上，從南投偷跑到台中一中學校，將我寫的甲組（理工組）志願逕自更改回丙組（醫農組）。

第二天學校公佈高二學生聯考志願表,並同步劃分升高三時學生將就讀之班級時,我才赫然發現我是被列在考醫農的班級內(共三班)!木已成舟,當時雖氣憤異常,但已無法更改而扼腕無奈。

我就是這樣成為醫師、而非物理學家的。

多年後,遇到我高二時班上第一名的同學,他後來考上第一志願台灣大學化學系,他卻告訴我說「你父親的做法是明智的」,他畢業後在中科院工作,為當時沒選考醫學院而後悔不已。

我父親於民國元年出生,民國 101 年逝世,享壽一百歲。他出生於日據時代員林望族,祖父經商,富甲一方。父親高中畢業於台中二中,大學赴日留學,就讀於日本中央大學法律系(當時為名校)。畢業後返台任職於日據時代總督府,為當時台灣人能就任之少數者之一。

父親生前之憾事為沒能進入日本國立東京大學的紅門,及未得習醫。故苦心栽培我們四個兄弟姊妹,「代父從軍」以完成其心願。

我的哥哥及弟弟如其願以償,在台灣讀大學畢業後皆考取日本交流協會之公費獎學金、留學國立東京大學研究所,於七年苦讀後各獲得東京大學工學及藥學博士。我則是被父親用前述「奇襲」方式栽培為醫師,且與我姊姊皆留學美國。兩人日本、兩人美國,四人皆不辱使命,完成其心願。

接受現實 樂當半個北醫人

父親的日本老友,前日本國防大臣及後續之眾議員大野功統,常常與父親有往來,他曾來台拜訪父親。父親逝世之追思會,大野功統還特別寄祭拜文來,由我哥哥以日文宣讀之,以悼念父親。

大學聯考時,人生第一次名落孫山,竟沒考上醫學系(當時叫醫科),

感到驚訝、羞愧與難過。

就讀台中一中的高中三年裡，我成績都在前三名。當時台中一中丙組（醫農組）大專聯考時，都會考取第一志願的台大醫科三到四名，而第二及第三志願的北醫及高醫醫科，也都有數名左右。當時大學聯考的醫科名單只有五家，依順序排名為台大、北醫、高醫、中國與中山。國防醫學院則單獨招生，招生時間則在大學聯考結束後一個月左右，讓考不上這五家醫科的考生還有機會去報考，以圓其行醫之路。

我自忖大學聯考考取標的，不是第一志願的台大醫科，就是第二志願的北醫醫科，最低也會有第三志願的高醫醫科。因而在填寫志願名單時，醫科只填寫這三個志願，本來不想再填下去，後來經家人勸說也就隨興填入北醫藥學系，一共只填了四個志願。當時醫農組聯考熱門科系，第一當然是醫科，第二為藥學系，第三則為農化系，牙科及中醫都排在後面，不像現在是牙科及中醫熱門當道。

聯考完成績公布，我居然是考中那隨興填入的第四志願－北醫藥學系，醫科落榜，好在有填藥學系這第四志願，不然就真的是名落孫山。當時又驚訝、又羞愧難過，真想找個地洞鑽進去，無顏見人，一個禮拜左右都不敢出門，就怕被人問起。

後來悄悄詢問學校及同學，才知道那年台中一中丙組考上台大醫科的人只有一位，是往昔的三分之一，考上北醫、高醫與中國的人數也都比往昔少很多，之後的好多年都是如此，台中一中從此「家道中落」，榮景不再，為何如此無人知曉。我那年的成績是可以考上醫科排名第四的中國醫藥學院（現改為中國醫藥大學）醫科的，但我竟太自傲而沒有填寫。

當下本想立即自修重考，但後來自傲心興起，認為只是考運欠佳，加上考試當天得了感冒的藉口，並不是本身能力不足，若要重考只需半年時

間準備就夠用，因而轉念決定去北醫藥學系就讀，藉此放鬆身心，以備後半年的考期全力衝刺。我就是這樣成為半個北醫人的，也真的度過了半年快樂的大學新鮮人時光，包括爬過台北的拇指山與七星山。

北醫藥學系第一年上半年結束後，就在同學們的驚訝聲中與他們道別，在家自修準備重考，最後兩個月還參加補習班，做模擬考的演練衝刺。這次填寫志願時，乖乖地將五個醫科學校都填入，不再矯情高傲。放榜結果依然是中國醫藥學院醫科，與去年相同，雖然聯考分數比去年多增七、八分左右。但這時我告訴自己：你要認了，這就是你的本領，只能考取第四志願，與第一志願無緣，從此我就認份地就讀中國醫藥學院醫科了。

中國醫大強調中西醫並修

中國醫藥大學西醫學系是台灣所有醫學院中，唯一規定要中、西醫學同步併修者，目的是要符合中西合一教學之學校設立宗旨，並培養出能中西合併診斷與醫治的醫師及醫學人才。

所以我們西醫學系七年之課程比當時的另外四家醫學系要多出許多，除了全部西醫的課程都要學習之外，還要加入五年的中醫課程，因第六及第七年在醫院見習及實習，不在學校，故經常要在夜間及周末假日增排課程，否則會修不完。此不只學生辛苦，授課的老師也辛苦。

記得那時教我們西醫的老師們，許多是台大醫院的教授或醫師，他們也因為這樣必須在夜間及周末假日從台北南下來為我們上課。所以當時我們的班代表有一項重要工作，就是要在台中車站與學校之間，來回接送這些從台北下來台中教我們的台大老師們，以減低他們的舟車辛勞與時間。

記得我們五年中，共計修習 56 個學分的中醫課程，包括大一的《湯

頭歌訣》，大二的《黃帝內經》，大三的《難經》，大四的中醫外傷與婦科，大五的針灸與《金匱要略》等。

那時我們西醫學系因有修習這些中醫課程，所以畢業時除了可考取西醫師證照外，也可以合法考取中醫師證照的。

而我那時因一心想當外科醫師，就根本沒有考慮要同時去考中醫證照這件事。聽說那時只要我們中國醫藥學院西醫學系的同學去考中醫證照就會考中，因全國只有我們學校在教中醫學，且考官幾乎都是我們的老師，現在想起來真是有點可惜。

我在大四學習到外科學時，看到老師講授的外科手術刀下病除的明快成就感，與刀下命除的高風險挑戰，興起了我要當外科醫師的念頭，因它符合我喜歡接受挑戰的個性，與做事喜歡快速俐落的豪邁特質。

因渴求了解更多外科醫療事務，大四時我就利用暑假去找一位教我們外科學的老師，去到這位外科學老師的醫院，請他給我機會觀看手術，並請求晚上免費在其醫院過夜照顧病患，以求能親身體驗外科的實際醫療及臨床學習成長。那年暑假許多同學都在休閒玩樂及交女朋友，我卻傻傻地甘願關在外科醫院裡，每天早晚聞着消毒藥水味而不覺苦。

說到交女朋友，我大學生活是一片空白，因我認為等畢業後考上醫師證照在醫院工作、有穩定經濟基礎時再交女朋友，會較實在與安心。所以大學時期我的同室三位同班同學都在交女朋友時，我不羨慕且不為所動。

而有一件事值得特別一提，大學時期我幫其中一位室友同學代刀寫情書，居然順利替他約出他心儀的別校女大學生。因他寫作技巧不太好，寫信過去對方都不理會，只好拜託我捉刀。這件事是我大學時期，除了主動到外科醫院實際體驗之外最感得意之事。

攝影興趣 終身受用

我在醫學院時期,唯二女朋友是我的吉他與攝影機。

高中時期,我被台中第一高中(簡稱台中一中)嚴格的吳姓音樂老師選入名聞遐邇的台中一中樂隊,擔任站在樂隊第一排最中間的鐘琴手,並參加全國的高中樂隊比賽,得了不少獎。但我最羨慕的卻是會彈吉他的人,尤其彈著吉他自彈自唱者,那種瀟灑自得、風流倜儻的樣貌,對我這種摩羯座、嚴肅又一板一眼個性的人,是一種致命的吸引力。而高中軍樂隊之樂器皆為管樂,沒有弦樂的吉他,所以我在醫學院大學一年級時就加入了吉他社,盼望能學到此技能,改變我的樣貌與形象。

曹賜斌大學時期彈吉他之照片。

　　沒想到事與願違，吉他社老師教的都是古典音樂的彈奏技巧，而非自彈自唱的技術。對我而言雖然失望，但此樂器彈奏技巧與我高中樂隊屬性相近，且用吉他彈奏古典音樂的技術困難，又挑起了我不服輸的好勝心，於是我就一頭栽進了吉他音樂中，樂此不疲。從大一開始直至大六為止，除了期中及期末考試期間外，每天抱著吉他彈練的時間都會超過一小時，所以說它是我的女朋友，一點都不為過吧！

　　大學四年級時，我更進一步擔任學校吉他社社長，教導年輕學弟妹們吉他初學技能，以及安排與參加吉他演奏會，愈陷愈深。

　　大學六年級時，因立志未來要成為外科醫師，但彈吉他的手指會因長期按壓及滑動琴線而生繭，導致手指觸感會變差，此對外科手術手指敏銳性會有傷害，因而決定封彈吉他。但為使彈奏吉他六年的歲月將來不致留白，於是我利用了數個周末假日在家，以克難的方式，將我常彈的十首吉他演奏曲，以自我彈奏及錄音方式，製作成一卷錄音帶。那十首的歌曲名字至今我還牢牢記得，第一首曲是羅曼史，依次是〈海濱之歌〉、〈羅莉安娜祭曲〉、〈雨滴〉、〈安眠曲〉、〈圓舞曲〉、〈禁忌的遊戲〉、〈小步舞曲〉、〈雙小步舞曲〉等。

　　大學三年級是醫學院功課最重的一年，要唸病理學、藥理學、微生物學、免疫學、生物統計學及中醫的《難經》（真的很難唸）等等，所以我刻意加入學校的攝影社，想藉此來紓解課業壓力。

　　攝影的美藝能陶冶心性，加上可出遊外拍，順便透透氣紓解壓力，且透過暗房技巧可增添原拍照片的藝術含金量，所以我很快就迷上了攝影這件事。不但跟隨攝影老師買了單眼相機、各式鏡頭、濾鏡等，還一頭跌入了暗房內，經常帶了個便當就整個晚上或假日整天關在暗房內，與男性攝影同好彼此切磋，研究暗房修片技術，樂此而不疲。

那時沒有手機，也沒有彩色照片，我們拍出來的照片都是黑白色的，也因為是黑白色，它在黑與白之間有很多層次，可以用暗房技巧及浸泡顯影液時間的長短，來予以隨意增減修改，造就出許多不同樣貌的照片，有如國畫的山水畫般，黑白層次及深淺縹緲虛無，令人陶醉。

相機就成為了我在醫學院時期的第二個女朋友，我就是這樣抱著相機，與它度過恩愛的兩年時光，直到大學六年級須到醫院見習時才停止。

大學五年級時受同好推薦，希望我能接任攝影社長職位，一時心癢，但理智告訴我，切勿玩物喪志，因當時已接近畢業及醫師國家考試的日期，要全力以赴上課及準備國考才對，故而毅然放棄。

這兩年中曾參加過攝影比賽得過小獎，也有拿得意的相片予以放大去參展。這些參展相片我都予以保留直到醫學院畢業之後，還不時拿出來欣賞、自戀一番。

攝影社舉辦的假日邀模特兒出遊拍外景之活動，則是我最興奮之事，因捕捉模特兒的肢體及顏面表情，與太陽光影、環境搭配及各式濾鏡與光圈快門應用等等，皆有技巧性與時間性，有時候好的表情、光影與鏡頭瞬間即逝，會淪為扼腕。

攝影技巧的訓練，對於我後來成為整形外科醫師的美學素養，有很大的助益。整形外科為醫學與美學的合體，利用醫學雕塑出人體美，若無美學素養與技能底蘊，很難登峰造極，或是整容會反致毀容。

整形求治者術前、術後的拍照技術，以及人體臉部、身體以手術刀、注射針或抽吸法去素描與塑造，醫學院攝影社學到的攝影技巧與美學架構，給了我很大的養分，與外科醫師須快狠準的技能底氣造就，因而當面臨治療抉擇時，敢義無反顧地一氣呵成去達成。

我這個醫學院時期的第二位女朋友，居然在多年後默默幫我圓夢成為

整形外科醫師，真的比真正的女朋友還受用啊！

大學四室友 深情厚誼

　　醫學院生活期間值得一提的是，我們大一住在四人一間學校宿舍的四位同班男同學，居然從大一開始，到大二時大家一起搬到外面的民間租房後（因學校宿舍只能住一年），都一直住在一起直到大五結束為止，因大六及大七皆在外面見習及實習，且最後都選擇外科醫師當終生職志，實在難得。

　　四人中為首的是一位年紀比我們其他三人大一、二歲的重考生，滿臉橫肉，身材高大魁梧，一看就很有「江湖味」的人，喝酒、抽煙、嚼檳榔樣樣都來。當我大一剛進到學校宿舍房間，初見他時讓我嚇了一跳、暗叫倒霉，後來慢慢熟悉後反倒覺得很有安全感，因他社會事見多識廣，且家境不錯，可幫我們其他三位乖乖牌的同學當軍師，及處理外界社會性問題。因他家住在大甲，後來我們都以「大甲」稱呼他。

　　大一時他理所當然成為我們的班代表，大四時又當了一年。

　　我們三位同住乖乖牌同學，在大學時期會喝酒、抽煙、跳舞、打麻將等等，都是大甲教的，且除了我以外，其他兩位同學，連交女朋友也是大甲介紹的。

　　有一特別事件是因我與他同住的關係而成為了受害者，那就是我們大四時，他與藥學系另一學生要競選全校學生會會長，因競選激烈、唇槍舌戰甚至群眾動員。有一天晚上，我們租屋樓下路邊有幾個人一直在呼叫大甲名字，當時大甲不在房內，我就傻傻地下去查看，沒想到一到樓下推開大門，那幾個人就一言不發上前來揍我，直至我痛到倒地，鼻子流血，他

們才揚長而去。

　　後來聽大甲解析，才知是對方叫流氓來教訓大甲、要他收斂的，大甲逃過一劫，我卻莫名成為受害人。至今我的鼻子還有點歪斜，就是這樣來的。

　　大甲畢業後在台北市立中興醫院當一般外科醫師，後來在台北市開業，十年前因肝癌病逝。

　　而另外兩位同學，一位即我幫他寫情書的那位同學，在中國醫藥大學附設醫院當一般外科醫師，最後當到外科主任，十五年前因淋巴癌病逝；另一位同學則走骨科，在林口長庚醫院當外科住院醫師一年多後，即回故鄉南投開設骨科醫院當院長至今。

CHAPTER 2

行醫與開業之一

陳明庭醫師的震撼啟蒙

　　1978年我於中國醫藥大學西醫系畢業後順利考過國家醫師考試，成為醫師，開始要遂行外科醫師夢，於是準備報考大醫院之外科住院醫師。當時林口長庚醫院及台北國泰醫院這兩家財團法人設立的民營醫院，恰巧剛分別成立一、兩年左右，其規模大、設備新、願景大之模式，轟動整個台灣醫界，因之前台灣的大醫院多是公家醫院，包括台大醫院、榮民總醫院、三軍總醫院、省立醫院（現稱部立醫院）、軍方醫院等等，多屬老舊保守，而一般民營醫院則多是小醫院或診所而已。

　　當時長庚醫院特色是由台塑集團結合海外優秀醫師學者回台貢獻所組成，國泰醫院特色則是由國泰集團結合台大醫師教授所組成，這兩家國內屬一屬二的大財團所設立的新醫院，皆很優秀，且吸引力大，一時之間魚與熊掌難以兼得。因在中國醫藥大學上課時期、授課的老師多是來自台大醫院，多是我所敬仰的醫師，於是我最後下意識地挑選國泰醫院來報考。

　　當時外科是最熱門科系，不像現在皮膚科、眼科、耳鼻喉科等小科當道，且現在外科因工作累、壓力大、職災風險高、薪水沒相對高，以致乏人報考。當時大概醫學院一百名學生中，成績前二十名者才有機會被外科錄取，而我畢業時的成績是在全班二十名之內，所以敢去報考。

　　報考國泰醫院外科住院醫師時，我幸運地從三十多位報名、僅錄取四位的競爭中脫穎而出，順利進入台北國泰醫院成為外科第一年住院醫師。

　　大醫院的外科部內共有八科，包括神經外科、心臟胸腔外科、骨科、整形外科、泌尿外科、一般外科（即胃腸肝膽科）、大腸直腸肛門外科、小兒外科等，外科部住院醫師三年訓練計劃（Training Program）是這八科皆要輪流去受訓，分別為每科訓練數個月，加上外科急診及外科加護病房之值班訓練等。之後再依個人興趣，去報考這八科中之任何一科，進入後再接受 2 至 3 年的外科次專科住院醫師訓練計劃。

　　當我輪訓到整形外科後，看到當時的整形外科主任亦為國泰醫院醫務部長的陳明庭教授時，猶如成功嶺軍訓時之震撼教育般、被震撼不已。陳教授仙風道骨、舉止溫文儒雅，醫界泰斗風範及精巧細膩、化腐朽為神奇的整形手術技巧，完全與一般的外科醫師粗獷、大刀闊斧、大而化之、「大塊吃肉、大口喝酒」的形象相反，令我驚訝，怎麼會有這麼迷人的手術與醫師！

　　此外，在外科手術時，一般醫師都是站著速戰速決地替病人開刀，解決病痛病灶，只有整形外科醫師在開刀時，會坐著用精雕細琢、慢工出細活的技巧與耐心，替病患重建出一個全新的外貌與維護其組織的正常功能。而凡事「破壞容易重建難」，其他七科之外科都在做切除病灶之「破壞性」治病工作，只有整形外科是在做「重建性」之功能與外觀矯治工作，這須具備精湛的外科技術與高度挑戰性，還要有創造與美感設計的藝術底蘊才能勝任，而且整形外科的這種「重建＋美觀」特性比起其他外科的手術治病，更具有積極發揮的空間。所以，對我這種凡事都要追求完美及止於至善的個性者，陳明庭教授的「震撼」啟蒙，以及國泰醫院整形外科的輪訓接觸，興起了我立志要成為整形外科醫師不可的心願。

　　在我升至外科第三年住院醫師（Resident Doctor 3，簡稱 R3）後，次年即可報考整形外科次專科住院醫師訓練計劃（此需訓練三年），當時

得知台灣最大的整形外科王國－長庚醫院在對外招考整形外科唯一的一名第一年住院醫師時（其他兩名為長庚醫院院內招考），我偷偷地跑去應考，且幸運地在五選一中被錄取，因而進入長庚醫院整形外科。

在長庚醫院通知我錄取後，我懷著忐忑不安的心情去陳明庭教授家認罪，請求其原諒。因陳教授一直很疼惜我，我深知若我在國泰醫院外科三年後，申請進入國泰整形外科住院醫師訓練，他定會錄用我。而陳教授是第一位取得美國整形外科專科醫師完整訓練的台灣醫師，他與長庚醫院創院院長暨長庚整形外科首屆主任美籍羅慧夫醫師（Dr. Noordhoff）在馬偕醫院共事過，彼此有著很深的瑜亮情結。

當我向陳教授囁囁報告我偷偷去長庚醫院報考整形外科又僥倖獲錄取，請求他指示該怎麼辦時，他突然閉嘴瞪著我，空氣頓然凝結，我嚇得低頭不敢看他，一、兩分鐘後他緩緩道來：「國泰醫院整形外科雖不如長庚醫院那麼大，但麻雀雖小、五臟俱全，也很有特色，你就自己決定吧！」

我一聽完馬上向他叩謝感恩，第二天就去向長庚醫院回報同意就任。因我當時自忖若陳教授反對，我是不敢去長庚報到的。非常感謝陳教授的寬

陳明庭教授（左）是曹賜斌整形外科的的啟蒙恩師，兩人在台灣美容外科醫學會活動合影。

宏大量，愛惜、體恤學生，我才能由國泰人變成長庚人。

至今陳明庭教授仍是對我關愛有加，他是我整形外科的啟蒙恩師。

陳明庭教授為台大醫科畢業，當時台大無整形外科，故出國進修整形外科。後來他由國泰醫院受邀聘回台大，開創台大整形外科，擔任首屆主任，在其十多年主任任內教學無數，台灣公立醫院的整形外科醫師，還有成大醫院、慈濟醫院及高醫等等，皆是他的學生，桃李滿天下。

在國泰醫院三年的外科住院醫師生涯中，發生了一些值得回味之軼事，茲敘述如下：

一、在民國 68 年賺到人生中第一份薪水：

外科住院醫師第一年（Resident Doctor 1，簡稱 R1）第一個月薪資，只有一萬四千元，這是我永遠忘不了的數字！我將它全數拿給我母親，以回報她的養育之恩。

二、內外科兼修：

外科住院醫師第二年時，國泰醫院內科部有開創 X 光片判讀訓練課程，及臨床案例研討課，我常利用空檔跑去聽課受訓，以致內科部有些醫師誤以為我是內科住院醫師。我會這樣做是因我認為優秀的外科醫師應內外兼修，內科診斷與外科治療之訓練應並重，如此醫病能力才能完全化。所以當時雖然時間被極度擠壓，卻不以為苦。

三、首次全國醫師大罷工：

我在國泰醫院外科住院醫師第三年 R3 時（Resident Doctor 3，簡稱為 R3），國泰醫院全體醫師發動全國第一次醫師大罷工事件，雖然最後失敗落幕，但卻引以為傲。此罷工事件起因於國泰全體醫師的憂患意識，因我們發現國泰醫院高層當局不想要擴充醫院，只想維持在當初創建時之三百床中型醫院格局，以做為國泰集團老闆蔡家人及其親朋的治病場所就

滿足，而不是像同時段成立的長庚醫院般，有發展醫療產業之企圖心，三年間逐漸擴充長庚醫院，將當初設立三百床位漸往千人床位之方向擴建。

醫院若不擴充，醫師人事升遷就會中止，主治醫師名額滿額後，住院醫師在訓練結束後就必須離職他去，不能續留。此事造成主治醫師人人恐慌，一因醫師工作權會無保障。二因人事若不能更新，則死水效應將來會招不到新而優質的住院醫師，國泰醫院醫療品質及醫療聲譽就會被弱化，且主治醫師工作量會大為加重，淪為住院醫師化。另外大家都有被騙的感受，因當初進來時醫院高層並無聲明此事，只告知美好願景而已。而大家認為國泰集團規模與長庚不相上下，兩者很巧地同時成立、彼此互相競爭，任選一家就職應皆安然無事，哪知會是如此。

大罷工隨即遭到高層制止，並祭出革職令，至此人人自危而悵然收尾。國泰醫院發展自此也因而與長庚醫院分道揚鑣，從此無法相比、抗衡。

四、促成新光吳火獅紀念醫院興建：

新光集團吳火獅董事長與國泰集團蔡萬霖董事長相熟，他生病時常住在國泰醫院療養。我家與他家本熟識，他住院期間我會以住院醫師的身份去照顧他。有次吳火獅董事長與我在病床閒談時，我建議他說：「您生病老是要拜託人、寄人籬下，不如自己蓋醫院、有病自己醫，或許會比較自在。」此事因而形成導引線，在吳火獅董事長於數年後因病過世之前，新光集團長子吳東進董事長銜命籌設，因而設立現今的新光醫療財團法人吳火獅紀念醫院。

五，國泰醫院貴族化：

因當時國泰醫院高位醫師全為台大醫院教授級醫師，且國泰醫院設備新穎、服務高雅得體，自然成為許多社會上有錢有勢 VIP 病患之最愛。紛紛請求台大醫院的大牌醫師來國泰醫院為其治病，並享受醫院的高級優

質服務。這些台大醫師因國泰醫院給予高規格接待及待遇，病人治療後又有住院醫師子弟兵可為其做住院妥善照顧，自是樂此不疲。國泰醫院因而成為台大醫院之貴族化分院，VIP 病患就轉到國泰醫治，一般病患則留在台大醫治。

我們這些在國泰外科的住院醫師們因而也有賺到好處，台大外科最權威之各科醫師教授皆全程親自執刀，將最佳手術技術完全展現，我們當其手術助手者也賺到了第一手學習開刀精華技術的機會，及學到精準應對、臨危不亂、宏觀視野與大將之風。

六、台大與國泰外科師對抗：

台大醫院與國泰醫院關係親密，醫師亦是，常互相研討，如兄弟般。每年歲末，台大醫院外科主任、心臟外科權威洪啟仁教授（也是後來的新光吳火獅紀念醫院創院院長）都會邀請台大及國泰醫院外科醫師，到他開設的八德外科醫院聚餐。聚餐敬酒時，規定要依外科人之師徒關係、長幼有序法則辦理：年幼醫師去敬比他高一年之醫師酒時，要兩杯對一杯，高兩年則三杯對一杯，依此類推。兩院外科醫師要互相敬酒對戰，猶如師對抗般，最後看看哪一隊沒醉倒的醫師人數較多，即為獲勝者。

因為輸人不輸陣的面子關係，每年皆戰況激烈，吃飯大概都只吃前面三道菜，接下來就是拚酒戰，個個拚得你死我活，挖喉嚨、逼吐出酒液以求能續喝的抓兔子絕招使出不斷，八德外科的餐廳廁所、牆壁到處是嘔吐物，眾人吐得東倒西歪，杯盤狼藉，最後誰輸誰贏多難以知曉，也不太計較了。更離譜的是有人會因喝太醉，尿不出來而去醫院掛急診導尿，也有人回家時茫茫然走錯家門，爛醉睡在別人家門口，直至天亮。

此事是我離開國泰到長庚醫院時，最津津樂道說給長庚醫師知曉之事，因長庚醫院無此外科人敬酒、拚酒之「優良」制度與傳統。

長庚整外訓練課程 世界指標

　　長庚醫院整形外科在創院院長美籍整形外科權威－羅慧夫醫師統領號召，及王永慶董事長重金吸才且優質的經營管理下，很快就吸引國內外各方豪傑投效，成為台灣最龐大的整形外科醫院團隊與體系，光是林口長庚總院整形外科主治醫師就有三、四十人之多。

　　羅院長還首創將整形外科細分成唇顎裂顱顏整形、肢體及顯微重建整形、燒傷重建整形、頭頸部腫瘤重建整形、一般性重建整形等次分科，後期再增設外傷重建整形，除美容整形不分科大家都可執行外，每位整形外科住院醫師升任主治醫師時，只能選一個次分科專職，以求專精及分工合作（羅院長亦以身作則，他只專職唇顎裂醫療）。此項整形外科次分科制度不僅是台灣各大醫院唯一創舉，世界各國亦難出其右，至今仍是。

　　羅院長還會在整形外科住院醫師三年（R4 到 R6）訓練期滿後，表現優異升任主治醫師時，安排指派其至世界各國權威、出名之整形外科大師處進修，擔任其研究醫師（Fellow Doctor）以深造高階及新穎的整形科技術，學成後帶回長庚醫院，壯大及提昇長庚整形外科實力至世界一流水準。

　　羅院長不擔心其子弟兵深造回來後技能高過他會看不起他，反而樂觀其成地轉介其專精之次分科病患給他，使其能在其專精之次分科上深耕、大展所才，此種美國式恢弘氣度使子弟兵們折服，紛紛感激他的栽培而更

聽命用心地分工合作，在長庚整外這大家庭內工作，並從而開創出其專精科技藍海，揚名國際，並使長庚整形外科因而更加壯大，國際化，也因此吸引當初這些醫師去國外深造的該國年輕醫師們，反而前來長庚醫院進修學習，並絡繹不絕，使長庚整形外科隨時宛如小型聯合國。

因經營之神王永慶董事長優質的醫院管理，對病患的服務貼切到位，主治醫師初期薪資無上限、激勵大家拚命治病，且杜絕紅包歪風，因而醫院口碑日佳，全國病患遂蜂擁而至，整形外科亦不例外且更甚，以致天天有看不完的門診及開不完的手術。

白天主要在開事先約定的手術，晚上及半夜則開急診及外傷手術，在開刀房內幾乎每天 24 小時都有整形外科的刀在開，此特性為全院及全國唯一者，長庚整形外科遂被尊稱為日不落科。

因病患太多，手術量就大，自國外深造引進的新科技就熟能生巧並能予以研改創新。此外，科內各次分科醫師人多則互相研討、腦力激盪的機會就大，加上病患量大，練刀機會多，且疑難雜症增多，因而常能突破及創新研發出新科技及新治療模式，依此發表於國際醫學會及國際著名學術期刊，以致使長庚醫院整形外科之名聲揚名國際。

久而久之，當初長庚醫師們去外國進修國家，包括歐、美、日等國的年輕醫師們，反而慕名前來台灣長庚醫院，進修長庚研創出之新科技，並因長庚病患量繁多，他們也能賺到在長庚醫院主治醫師督導下練刀的機會，所以這些外國醫師 Fellow 申請在長庚進修的時間，經常是半年到一年左右。

這些醫師的國籍，除了最多的歐、美、加等白人國家外，還有日、韓、東南亞等黃種人國家，另外非洲等黑人國家也不少，所以長庚醫院的整形外科平時在開會時，各色人種皆有，猶如小型的聯合國，這現象不只在台

灣是唯一，連亞洲、日、韓等先進國家也都是絕無僅有的，難怪長庚王永慶董事長每次對外提到長庚醫院時，都會說我們有揚名國際的整形外科，以此為豪。

台灣各大醫院整形外科年輕醫師，也紛紛慕名申請前來長庚醫院整形外科進修，有些是經考試轉進成為長庚整形外科住院醫師，有些則是用該醫院委託長庚醫院代訓方式，進行半年至一年，甚至全部整形外科住院醫師三年的委外訓練。上述這些醫師及醫院包括台大、榮總、軍方總醫院及民營大醫院等等。

我就是其中之一，後來我受命南下至高雄長庚醫院擔任整形外科創科主任時，也在南部持續執行此項他院整形外科醫師進修或代訓工作，包括海軍總醫院、國軍總醫院及市立醫院等等。

多年前美國哈佛大學整形外科主任古德曼（Professor Goodman）曾來長庚醫院整形外科訪問考察，受到震撼。他回去後跟哈佛大學的整形外科醫師們說，哈佛整形外科醫師的訓練期程（Training Program）如果沒包含來台灣長庚醫院的移地訓練，那麼他的訓練是不完整的。

長庚整形外科因匯聚各方英才，故受到長庚醫院董事會看重及重用，屢屢提拔擔任長庚醫院的最高階主管，包括首屆、現任及其中兩屆共四屆之林口總院院長、基隆長庚、嘉義長庚醫院院長，長庚醫院體系等八家醫院最高決策機構之醫決會主委，長庚大學醫學院院長，還有各醫院副院長、外科部長等等，使長庚醫院整形外科成為名副其實之長庚皇家部隊。

強而有力的長庚整外團隊

長庚醫院整形外科體系為台灣最大之整形外科團隊，實力也最堅強，

所以在台灣兩個與整形外科相關的主要醫學會—台灣整形外科醫學會及台灣美容外科醫學會，其歷屆理事長及理監事選舉時，長庚醫院整形外科醫師往往都是當選最多的。

國際整形外科醫學會方面，長庚醫院整形外科亦嶄露頭角，已當選過數個國際醫學會理事長，包括國際顱顏整形醫學會、亞太顱顏整形醫學會、世界顯微重建外科醫學會、國際手外科醫學會及國際燒傷醫學會等等。

國際著名整形外科及美容外科學術期刊之論文編輯、審查委員，長庚醫院整形外科醫師也都是台灣甚至亞洲國家中，最多人受邀擔任者。

從台北國泰醫院外科轉入林口長庚醫院整形外科，一開始就感受到完全不同的醫院制度文化與環境衝擊，猶如天堂到地獄。

長庚醫院醫療工作量繁重，不論是白天上班或晚上值班，工作量幾乎是國泰醫院的兩倍，尤其半夜經常要開急診外傷手術直到天亮，這是在國泰醫院所少有的。長庚醫院沒有病人會送禮物或偷送紅包給醫師（醫院嚴禁），所以病房護理站經常只會看到送花給醫師的情境，鮮花到處擺放。

門診或病房區也看不到醫藥廠商代表四處穿梭在找醫師，因長庚嚴禁此事，被查到會予以中止該廠商的物品採購，所以醫師們下班後的廠商「福利」幾乎全被中斷，包括聚餐吃飯、打球、贈禮等等，下班生活由之前在國泰時的歡愉與期待，變成現狀之無趣與無奈。

另外，林口長庚醫院位於林口臺地，與台北市區距離遠，當時又交通不便，只有長庚的交通車往返，所以我就由台北家裡搬入醫院旁邊的醫師宿舍居住，只有假日才回家。林口臺地風大又濕冷，有時走在路上會被強風吹歪，所以我們常走連接醫院與宿舍的地下道上下班。因濕氣重，宿舍內即便裝有除濕機仍不管用，金屬及居住用物常生鏽潮濕，很不舒適與無

奈。

　　初期醫院周遭荒蕪無人居住，不像現在非常繁榮，只有醫院孤單一家建築物，晚上若肚子餓要去吃宵夜，就要走很遠的路才會有麵店可食。因濕冷風又大，鳥類也不想飛來，所以我們醫師當時常互相解嘲說我們是住在鳥不拉屎的地方。

　　由台北市高級精華區，工作量較輕鬆，下班時光快樂的台北國泰醫院，轉進至鳥不拉屎的台北縣荒郊野外，工作量兩倍重，但住院醫師薪水只增加一點點，開會需要講英文，因要對羅院長報告，下班後無處去，半夜又常開刀，睡飽覺變成稀有享受的林口長庚醫院，真像是由以色列到埃及、由天堂到地獄，而我就是這樣在此熬過了三年艱困的整形外科住院醫師訓練歲月（1982 年－1985 年）。

Chapter 2-3.

白髮只因 Burn ICU

　　林口長庚醫院整形外科住院醫師的訓練期程為三年（R4 至 R6）。我進去第一年（R4）第一個訓練項目為燒燙傷（Burn）重建整形，主要職場為燒燙傷加護病房（Burn ICU），訓練時間為 3 個月，也就是說我一進去長庚醫院就被關在此處 3 個月，專注於燒燙傷重症病患的救治醫療訓練。

　　林口長庚醫院燒燙傷加護病房為全國最大者，共 20 床，為其他大醫院的 2 至 3 倍大，專門收治嚴重燒燙傷、有生命威脅之病患，台灣著名的女子演唱團體 S.H.E.，其團員 Selina 嚴重燒傷後就是送到此處醫治，之後完全康癒出院。裡面配置有全國唯一專職燒燙傷之資深整形外科主治醫師、專職整形外科住院醫師，及專職護理師群，而開刀房、加護病房及燒燙傷應有之專業設施亦最完備。病患家屬不能進入，探病時間一天兩次，與醫院其他加護病房相同。

　　此加護病房之專業醫治能力全國最佳，但裡面卻天天痛苦呻吟聲不斷，乃因燒燙傷皮膚傷口本身就甚痛，且常常須要換藥治療以防感染並增加痊癒機會，而換藥前須先撕開包裹傷口之紗布及敷料，然後再清洗表面傷口。此種撕開及清洗方法以水療最具功效，亦即請病患坐或站泡在含消毒水之大水桶內，在包裹之紗布及敷料泡濕後，醫護人員再予慢慢撕開，如此比較不會痛，且之後清洗已泡軟之傷口髒物較容易，也比較不會傷及

新生皮及移植皮。若進一步須要清創壞損的皮膚及膿血不淨的分泌物，以及後續之植皮，則會安排在全身麻醉下進行。

但因為此種傷口皆面積龐大，且大面積燒燙傷才能住進此加護病房，一般會佔全身體表面積之 40 至 80% 左右，故此種換藥及水療會非常疼痛，即便有事先給予服用強效止痛藥仍無法完全免除此疼痛，包括悲傷之心痛。

病患開始一兩天還能忍耐，但因幾乎天天都要換藥及水療，之後就會逐漸崩潰而哭喊，最後變成懼怕及無助之哀號呻吟。我們除了儘可能動作輕柔、予以心理安慰，及照會精神科醫師與心理師協助 Burn ICU 病患身心治療外，也會邀請宗教界人士包括基督教牧師、佛教法師等入內，為這些痛苦病患祈福、禱告、傳福音等，以減輕其身心病痛，並增其重生盼望與堅強活下去之勇氣。

Burn ICU 工作除水療外，還有燒燙傷初期的生命救治維護，中期的營養與體液電解液補充，以防免疫系統崩潰及敗血性休克，晚期的補皮重建、防治疤痕增生攣縮及肢體復健等等，這些皆是非常繁重吃力的醫療工作。一位專職整形外科主治醫師加上一位整形外科住院醫師（即我），及一位實習醫師及護理師群，要照顧幾乎天天 20 床滿床的生死垂危與哀號呻吟病患，真是勞心勞力、精疲力竭，而我的白頭髮就是這樣在三個月 Burn ICU 出關前後長出來的。

長庚整外的值班日常

1982 年我進去林口長庚整形外科那一屆，共有四位同時擔任第一年整形外科住院醫師（Resident Doctor 4，簡稱 R4），上面還有第二年

（R5）及第三年（R6）整形外科住院醫師各數位，以及 7 至 8 位主治醫師（Visiting Staff，簡稱 VS），其中包括由羅慧夫院長兼任的整形外科主任。我們每位住院醫師都要分別跟隨一位主治醫師學習及工作，跟隨約 3 至 4 個月後會予輪換，住院醫師訓練三年中會輪換完所有的主治醫師，以求學習及訓練完全。

跟隨每位主治醫師期間白天要照顧他的病房病患，還要進開刀房擔任他的手術助手，晚上則要值夜班，從下午 5 點到第二天早上 8 點，照顧整形外科急診病患及夜間整形外科病房的所有住院病患約一百多人，值班頻率為 2 至 3 天一次，值完班後隔天上午還要接續上班，直至隔天下午 5 點後才能下班，所以每次值班就是要連續上班 34 小時，從第一天上午 7 點到第二天下午 5 點。晚上值班期間，沒時間吃飯是常事，能夠睡飽覺就成為最大的享受。

整形外科急診病人非常多，大多屬急性外傷，包括車禍、刀傷、槍傷（例如陳水扁前總統的肚皮槍傷）、爆炸傷、燒燙傷、肢體截斷傷等等，外傷部位涵蓋全身，由頭到腳皆有。外傷輕症者在急診處病患分類時會歸由一般外科治療，若屬中、重症，則改由整形外科治療。

因送至林口長庚之急診外傷病人多屬中重症，故整形外科常挑大樑。長庚外科共有八科，而急診四大科病患中，各科病患數由多至少之常態性排列順序為：整形外科、骨科、一般外科、神經外科等，整形外科急診病患數最多。

整形外科外傷中之顱顏外傷須斷骨復位與收關顏面的皮肉精細縫補，而斷肢、斷指，需用顯微手術接合或以皮瓣轉移重建、喪失組織之肢體等，此皆要花費數小時至十多小時才能完成。故整形外科晚上值班時經常無法睡覺，多在開刀房中半夜開刀艱苦度過，幾乎每次值班都要開 2 至 4 台急

診刀。常常急診手術太多半夜開不完，則第二天白天就需轉給專責之整形外科主治醫師或其住院醫師接續開刀。

　　R4 結束時，就可報考衛福部授權台灣外科醫學會主辦的外科專科醫師證照考試，所以我們在 R4 下半年就會找空檔時間準備考試。外科中所有八個次專科的 R4 醫師中，有些次專科之 R4 會改稱為 CR，即總住院醫師，如一般外科，因他們的訓練期程只有 4 年，故第 4 年就是最後一年之總住院醫師。而整形外科、心臟外科、神經外科這三科則最長，皆為 6 年，所以 R6 才是該科的總住院醫師。我們這些 R4 們常會在晚上或假日沒值班時聚集在一起，互相切磋研討外科所有八個次專科的知識技能，包括研讀考古題等，以求能順利考取外科專科醫師證照。

　　長庚醫院的外科一向很強，而能當到 R4 者多半有兩把刷子，所以那一年幾乎所有長庚 R4 都考一次就順利考上外科專科醫師，包括我，也因而彼此培育出患難與共的革命感情。

Chapter 2-4

咬牙苦撐 終成主治醫

　　前述我們四位同屆林口長庚醫院整形外科住院醫師中,有一人是外院代訓一年的醫師,他在我們升任第二年整形外科住院醫師(Resident Doctor 5,簡稱 R5)時就結業離去,剩下三人。在我們 R5 工作半年左右,其中又有一位外院代訓三年期的官拜少將、某醫院院長的中年醫師,突然自動離職而去。

　　離去前他寫一封信給羅院長訴說緣由,經羅院長公開後我們才知曉原因。信文大意是說:「長庚醫院整形外科是非常好的訓練中心,他也想要全力以赴學習,但因已屆中年經常要值班熬夜,體力實屬不支,勉強拖至一年多,已無法再支應下去,故忍痛割愛求去。」聽後很不捨,心有戚戚焉,也慶幸自己年輕、體力還行。 所以在升任 R6 後,就只剩我與另外一位住院醫師共兩人了。

　　整形外科 R6 住院醫師是三年期訓練的最後一年,又稱總住院醫師,簡稱總醫師(Chief Resident,簡稱 CR)。除要繼續接受高階的整形醫療訓練外,還要在當時由羅慧夫院長擔任科主任的指揮下,負責執行科內的醫療行政管理及安排工作,包括排班、排定科內常規作業及時間流程、安排晨會(Morning Meeting)及其他學術或醫療會議並當司儀,全院他科醫療照會本科之前往診查與治療安排等等,也要安排聯誼性質之科內餐敘及旅遊活動等等,因 CR 只剩兩人,我們就劃分每人負責 CR 工作半年,

故整體工作量繁多。

另外，R6 時又要準備衛福部委任台灣整形外科醫學會所主辦的整形外科專科醫師證照考試，包括筆試與口試，考試過關後才有可能往上升任主治醫師，故這一年身心壓力很大。

羅慧夫院長為美國人，晨會或學術會議都必須要講英文，並以英文對他報告與回覆，且他都以美國人之高標準來看待、要求我們，這些對沒出國留學、英文會話不靈光的我而言，是更大壓力與痛苦的來源。

為了求生存、求表現，冀求明年能順利升上主治醫師，我以豁出去的心態正向面對，即在要對他報告的固定每週晨會前一晚，先擬好所有明早7 點晨會要報告的文字內容，以及沙盤推演他可能問話的回應文句，然後自我翻譯成英文，開始死背及演練，並拿錄音機錄下來自己播聽，再修改語意不順或英文不佳之處，如此執行數回，直至一切覺得順暢為止，才敢入睡。此時大概都已是凌晨3～4點了，所以就會備妥鬧鐘設定6AM 起床，起床後裝做瀟灑無事般地在 7 點以前到達晨會地點，開始準備晨會並擔任司儀。

羅慧夫院長治軍嚴明，要求屬下做事要表現優異及效能高，做對事是應該的，做錯事就會受到責難，所以大家對他都是又敬又畏。

晨會我的報告及表現，若有符合其標準，他只會點頭及說 OK 而已，但對我而言，這就夠了，整晚幾乎不敢睡的努力付出都值得了。

初升 CR 時，前幾次晨會表現都會被罵，慢慢地次數就逐漸減少到幾乎沒有了，我也因而更加穩重成熟了。

1984 年 7 月我當上林口長庚醫院整形外科總醫師（Chief Resident，簡稱 CR）時的薪水還是很少，月薪只有 4 萬多元，但大家都會忍耐，因冀望升上主治醫師（Visiting staff，簡稱 VS）後，薪水就會跳級升上兩

位數，且職位也才會穩定，因若升不上去，就會被 Fire 而需到別處另找頭路。所以能否升上 VS，是 CR 們那年最在意之事。

有幸成為羅慧夫院長直系門徒

CR 結束前我已順利通過筆試與口試，考取整形外科專科醫師證照，而在能否往上爬成為 VS 之一仗，幸運之神降臨於我，我獲得林口長庚整形外科十位左右的 VS、包括羅慧夫院長在內，全部對我投下了同意票，終於在 1985 年 7 月起，成為林口長庚醫院金字招牌的整形外科主治醫師。

升上林口長庚醫院整形外科主治醫師後，就開啟了我在林口、台北、基隆三地忙碌趕場的診療生活。林口為長庚醫院總部，病人最多，包括看診、開刀，照顧病房病患及急診手術等。台北門診院區主為看診作業，需住院或手術者就會安排轉到林口長庚。基隆院區為當時新蓋好的醫院，醫師人力不足，故幾乎所有科別之主治醫師都要前去支援，包括看診及手術。

我每個星期都要在三個院區間輪流奔走診療，還好那時台塑公司有及時成立院區間連線之交通車公司，使醫師及病患方便在三個院區間移動，我也常利用在乘坐交通車往返院區期間，大概半小時至一小時，獲得閉目養神及休息之機會，以防過勞出意外。

長庚醫院當時會及時成立交通車公司，主要是受到連續兩位優秀林口長庚主治醫師，在夜晚下班後自己開車上高速公路回台北家時，因過勞注意力欠集中、發生車禍喪命之刺激所致。交通車設立後，院方勸大家儘量改搭乘交通車上下班，院長亦以身作則帶動，之後就再也沒有發生此種悲劇了。

　　我升上整形外科主治醫師後之第一件要事，就是要在前述羅院長獨創設立之五個整形外科次專科（Subspecialty）中申請一個次專科就任主治醫師。我當時申請唇顎裂顱顏重建整形次專科，該科主任即為羅院長本人。非常感謝羅院長，沒有拒絕我的申請，使我有幸能進去此天下第一之次專科，也決定了我人生專業的主軸方向。我至今不知為何羅院長當時會納許我進入他的直屬嫡系團隊，可能是因為在長庚所有主治醫師票選總醫師能否升任主治醫師時，只有我獲得全票通過，以及我在總醫師任內之表現有蒙受他青睞之緣故吧？

　　至於為何我當時要申選唇顎裂顱顏重建整形次專科？此乃因顱顏整形在當時是全球整形外科界最新、最艱深的科技，另外羅院長治軍嚴屬，大家多不敢趨近他，但我的個性卻是愈艱困我愈要去挑戰，而且我的整形外科啟蒙老師台大與國泰醫院之陳明庭教授，及我的整形外科指導老師羅慧夫院長都是專精於唇顎裂手術，此遂激發起我的「有為者亦若是」雄心壯志所致。

　　1985 年 8 月，就在我升任主治醫師後近兩個月，每天忙碌於三個院區奔走診療之際，有一天羅慧夫院長突然透過秘書請我去他的辦公室，我到後他隨即告知並指派我到加拿大多倫多大學附設的病童醫院（The Hospital for Sick Children）及美國的梅育醫學中心（Mayo Clinic），去臨床進修顱顏重建整形最新科技，並告訴我說他都已與對方醫院及指導醫師聯絡好且安排妥當，要求我一周內即要啟程前去，先去加拿大，再去美國，歷時為一年。

　　此突如其來之「恩典」著實嚇壞了我，因我根本還沒有想到此項進修之事，故完全無心理準備。因為當時在長庚醫院升任主治醫師，一般都要至少滿一年以上，才有資格申請出國進修，且很多主治醫師皆在排隊等

候出國進修中，故即便我有申請，能否獲通過都還在未定之天。而我卻尚未申請，且剛升任主治醫師還不到兩個月，就被院長欽點而榮獲此殊榮，真的受寵若驚。進修期間院方承諾每月薪資可獲科內十萬元優渥保障，且當時未婚無家累之情境下，我第二天就答應羅院長之指派。之後在安排好於多倫多之居住問題後，就在數天後於8月底隻身搭機飛赴加拿大多倫多市，開啟了我人生首次出國進修的職涯新歷程。

Chapter 2-5. 多倫多大學的 Ian Muro 醫師

　　加拿大多倫多大學附設之病童醫院是世界三大兒童醫院之一，其整形外科中之 Dr. Ian Munro 主治醫師則是專精於顱顏整形重建之世界級大師，名聞遐邇，他的顱顏整形病患在當時號稱是全世界最多的，連美國病人都跑去找他醫治，所以六年前羅院長即指派長庚醫院第一位整形外科主治醫師，即我的大師兄陳昱瑞醫師來此進修跟他學習，學成後回台成為台灣第一位顱顏整形外科醫師，也在林口長庚醫院成立台灣第一個顱顏中心。陳昱瑞醫師後來榮升林口長庚醫院院長，及後續長庚醫療體系最高位階之長庚醫院醫務決策委員會主委。我則是羅慧夫院長再次指派去跟 Dr. Ian Munro 醫師進修學習顱顏整形的第二人，之後我於 1995 年在高雄長庚醫院成立南台灣唯一、台灣第二個顱顏中心。

　　Dr. Ian Munro 醫師時年 50 來歲，是英裔加拿大人，言行有着濃濃的英國人風味，紳士有禮但不苟言笑，高尚嚴謹又冷酷嚴肅。他的手術技術高超，學問淵博，任何顱顏先天畸形、疑難雜症，皆難不倒他，包括罕見又難治的克魯松氏症（Crouzon Syndrome）、亞伯士症（Alpert's Syn.）、崔契爾柯林斯症候群（Treacher Collins Syn.）、顱縫早閉症（Craniosynostosis）、眼眶眼距過寬症（Orbital hypertelorism）等等。且當時顱顏整形科技全球才剛開創、萌芽數年，會做此手術者全球不超過十人，他又只專做此手術，手術成效又優異，故國內外病患口碑相傳，絡

繹不絕，天天都排滿手術。

　　1985 年我去加拿大多倫多大學附設之病童醫院進修時，已有三位臨床研究員醫師（Clinical Fellow）跟隨 Dr. Ian Munro 學習，加上我共四位，分別來自美國、加拿大、歐洲及亞洲（即我）。我們四人天天跟隨他看門診、開刀、查房來做臨床學習。開刀時可以擔任刷手上去幫忙，與病童醫院之整形外科住院醫師們共同擔任手術助手。因他手術的病患多，故常會同時開啟兩個開刀房因應。Munro 醫師會執行主要及重要之手術步驟，次要或收尾縫合步驟，就會由我們這些經他教導後的助手醫師們來執行，手術完成後他會回來查看，以確認手術成效，如此師生合作可加速及順利完成當天所有排定之手術，並兼顧手術品質與效率。這種助手上刀工作就是我們這些臨床研究員珍貴的貼身學習機會。

　　除了在病童醫院進修外，我也會一個月去一次多倫多大學附設的 Sunnybrook 外傷醫院進修，它位在多倫多市北區，主要去研習顱顏外傷的醫治。

　　Munro 醫師工作忙碌，平時除了醫療外與我們 Fellow 互動不多，只在我們六個月（1985 年 9 月至 1986 年 3 月）進修結業前夕邀請我們去他家聚餐一次，以表達對我們協助他醫療工作的回謝，也只在此時才展現出他的笑臉與溫情。後來我回台後將此事告知我的大師兄陳昱瑞醫師，他驚訝並羨慕地說道：Munro 醫師在他去加拿大多倫多大學附設之病童醫院跟隨學習期間，從沒邀請他去家裡吃過飯！

　　加拿大與大英國協之國家一樣都是社會福利國家，醫療是採公醫制度，醫師是公務員，故薪資是固定的，醫師不論病患多寡都是領同樣的薪資，這對 Munro 醫師來說不太公平，因他病患最多，工作特忙。有一次他在與我刷手要一起做手術時，突然詢問我在長庚醫院的薪資，我據實以

告，訴說我來此進修時長庚醫院仍支付我每月十萬元台幣的薪資，他聽聞後臉色變得很難看，沈默不語，後來我側面打聽才知他的月薪才十多萬台幣。

　　我在多倫多進修期間，加拿大發生了全國醫界首次大罷工事件。醫界要求比照美國，給予醫師依工作勤勞度而有高低差別的薪資酬勞，但此舉遭到政府的打壓與反對，民意也不相挺，最後大罷工以失敗收場。收場後第二天，報紙頭版以黑色大標題寫著「Brain Out」兩個大字，意味著加拿大優秀的醫師將會出逃到別國去，加拿大的智慧財將流失。果不其然，在我結束進修後隔年，美國德州 Dallas 市就以重金禮聘 Munro 醫師去美國，並為他開設國際顧顏中心醫院（International Craniofacial Hospital），由 Munro 醫師坐鎮主導，加拿大就真的因而失去一位醫界大人物、Brain Out 了。

多倫多進修二三事

　　我在多倫多進修的六個月期間，都住在加拿大多倫多大學附設之病童醫院的國際宿舍內，除了剛去的第一周，因那時我的宿舍房間還沒安排好，所以我就暫住在已先來多倫多進修博士學位兩年的長庚醫院顧顏中心矯正牙科黃烱興醫師的租家中。

　　黃醫師是長庚醫院顧顏團隊中矯正牙科的負責人，與我同年齡，他是經由羅院長指派來多倫多大學進修並攻讀口腔生理學博士學位。很感謝黃醫師及其太太 Wendy 的溫馨相待，使我在人生地不熟的多倫多度過了愉快又安心的第一周。黃醫師博士學位學成後返回台灣，擔任過中華民國唇顎裂顧顏學會理事長，及後續之台灣齒顎矯正學會理事長。

　　病童醫院的國際宿舍真的是名副其實國際性，租宿的全是世界各地來此病童醫院「朝聖」進修的各國醫師，包括北美洲、中南美洲、歐洲、亞洲、非洲等等。我們亞洲國家中日本、韓國、大陸、新加坡、印度等等都有。台灣除了我以外，以前也有陳昱瑞醫師及台灣換肝權威陳肇隆醫師來過，後者當時是林口長庚醫院小兒外科醫師，來此進修小兒外科。之後他又改行去美國專研肝臟移植，因而回台成為一般外科之換肝醫師。

　　我住宿時期發生一些軼聞，予以陳述如下：

　　有位在病童醫院進修的日本醫師名叫 Oka，他是大阪市立婦幼醫院的麻醉科主任，年紀與我差不多皆 30 多歲，他進修期間非常鬱悶不平，故晚上常來我房間找我喝酒聊天，解悶並發洩情緒。他是他的醫院派來此處進修麻醉新科技的，但因英文聽講能力不佳，白天進修時常沉默且難以表達他的意見，故常被病童醫院麻醉科的住院或實習醫師們嘲弄，認為他是愚笨無知者，此令他非常憤怒，日久而變鬱悶。我們台日醫師彼此用破英文溝通反倒無礙，他跟我說，他看到這些年輕加拿大醫師做的工作常有缺失，且能力比他差，但他不知如何用英文去請他們更正，且他們在詢問他意見時，他也不知如何用英文完整陳述，只好多以微笑或點頭、搖頭等回應，因而導致他們的誤解。他請我喝酒，我也要予以回報，此促使我人生首次買紅酒及白酒品酒的機會。因加拿大冬天很冷且下雪，喝酒可禦寒，且加國紅或白酒皆很便宜，一瓶大約皆只 10 至 20 元加幣，而台灣當時紅或白酒還未進口且甚貴，所以興起我的品嚐紅及白酒樂趣，一直延續至今。

　　Oka 醫師只來多倫多進修三個月，這三個月中我們無所不談而成為知己好友。他回日本後常寄信及相片給我，述說他的工作及家庭，我當然也會回寄，如此連續好幾年，他後來轉行當婦產科醫師。在 1990 年我結婚

時，他還親自抱著日本的大形人偶（據說是日本人最貴重的賀禮），專程來參加我的婚禮。隔年告訴我他終於在神戶買了一棟兩層樓的日式豪宅，邀請我們夫妻去他家住，我們去時他們全家盛情款待我們，住他家吃美食、遊神戶，離去時還送我們精緻的日本睡服，我到現在還留著此睡服，以示懷念他及這段台日革命性情誼。

　　另一件事是大陸醫師之清寒與壓抑。有 4 至 5 位中國醫師與我同樣租宿在國際宿舍，其中除一位 20 多歲年輕者外，其他皆是 50 多歲年長者。年輕者一看就是中國高幹子弟，高傲又富有，年長者則剛好皆相反，是屬文革期間沒被鬥倒而存活之清寒但精英人士。他們非常窮，每天都在宿舍內自煮吃飯，菜色清簡，且沒錢吃外食。但其談吐高雅、謙虛有禮，對能夠出國進修都非常珍惜。我有時趁周末假日會請他們出外到多倫多的 China Town 吃飯打牙祭，略盡兩岸同胞情誼。在我六個月進修結束要離開多倫多到美國接續進修前，也將我的廚具全部送給他們，當做情義性接濟。

CHAPTER 3

行醫與開業之二

Chapter3-1 從懷疑到感召

在加拿大進修期間，發生了改變我人生信仰的大事。

我因自忖英文聽講能力不佳，故利用進修六個月期間之周末空檔時間，常到病童醫院附近的多倫多大學校園內開設的成人教育班修習英文。在當年12月初，我去上完英文課後順便逛校園時，在學校佈告欄上看到一則令我心動的訊息：聖誕假期五天滑雪活動營，由多倫多大學國際基督徒團契主辦。

因聖誕節為加國之春節，醫院放一周長假，我正愁沒地方去休假。另外，滑雪可是我嚮往、但在亞熱帶的台灣學不到的冬季運動項目，故雖知這是基督徒辦的活動，但它有說明可開放給一般人士參加，所以我就報名了。

滑雪真的很有趣及刺激，我不只學習越野滑雪，也學習坡道滑雪。越野滑雪時，若下大雪，雪會很軟及深，穿著滑雪板走路時會深陷雪層內，腳要抬起來走路會非常用力且困難，故要儘量滑行而不要停下來及走路。另外，它運動量很大且會流汗，所以滑到一半身體發熱時就要逐步脫掉外層厚衣服一兩次，以免流汗在內，而在滑雪過後體內不再發熱時，會轉為濕冷導致感冒。

除滑雪外，在那五天中我也「不自主」地接觸到與基督教相關的一些活動，包括聖經研讀、討論、飯前禱告，及聖誕夜慶祝、聖誕日活動等

等。這些對我來說都是人生第一次的新鮮經驗，包括第一次摸到聖經及聽到上帝的話語，特別是使我有機會能靜下來心來，嚴肅地思考生命存在的目的，我此生何去何從，及上帝對我的意義。雖然我當時並沒有強烈的意願去相信上帝，但卻使我願意張開心胸去面對它，而且從原本的漠不關心變成了有點興趣。

此聖誕假期滑雪場活動使我改變了對基督教的基本心態，所以在滑雪營活動結束回到醫院後，我開始會利用空檔時間去主動翻閱那本他們送給我的簡易版英文版聖經，這本書我現今仍珍貴地保存著，試圖去發現它所記載的內容是否有什麼能增進我的生命價值，以及它與我從小到大奉為人生言行圭臬的孔孟思想哲學有何異同之處，因後者是我的人生信仰中心，我當時不認為世上有任何其他思維能超越它或是增進它。

曹賜斌至今仍珍藏的簡易英文版聖經。

但我愈翻看聖經內容愈懷疑它，因內容說的很多真的是「神話」，以科學及醫學角度來看實不可信，包括說上帝創造天與地，上帝七天內創造出地球萬事萬物，人是由土捏成的，且上帝噴活氣入其鼻孔，人就成為活的靈魂等等。所以看不下去就予以擱置著，甚至在聖經文章上面有懷疑之處打許多「×」，希望找人來詢問及解惑。

所幸那時有一位在滑雪營認識，來自新加坡的多倫多大二學生主動打電話給我，詢問我是否對基督教的認

識有何需協助之處，我就趁機詢問她這些我在聖經上打「×」的疑問點，她的回答雖令我失望，難以使我信服，但她很有耐心地為我解說，最後告訴我說，她參加的教會裏面有牧師及其他資深教友，可能我去詢問時會得到較為滿意的答覆，因她說她才信教不久，對教義認識及解說能力還不夠深化。此激起我的不認輸求知慾，故就答應她的邀請，下個禮拜天去參加她所加入的教會禮拜，此教會為位於多倫多 China Town 裡面的多倫多華人浸信會（Toronto Chinese Baptist Church）。

人生第一次進入教會實在是生疏與彆扭，還好她很親切地介紹我認識許多教友及牧師，他們都很熱心地接待我，使我不安的心放鬆下來。教會禮拜結束後，教友們及這位大學生還請我在 China Town 的中餐廳吃飯、聊天，讓我的心溫暖起來，覺得教會是個很溫情的地方，教友們都很體貼與心地良善，也使我度過了來多倫多三個月後第一個溫馨、熱鬧的周日。

之後在她持續邀請下，我就每周日來參加此教會的禮拜活動，慢慢地了解更多基督教的信仰，也交了不少多倫多的華人朋友，包括一位在病童醫院整形外科燙傷病房擔任護佐的女士，名叫 Wendy Quan，她是在越戰時期從越南逃難到多倫多的越裔華人，單身、非常熱忱、樂於助人，使我在病童醫院工作多了一位可用國語交談及獲得工作協助的好人。後來長庚醫院接續指派在我之後來病童醫院進修顱顏整形的第三人，我的師弟張衍爐醫師及其家庭，也受到她的許多溫馨協助，包括找妥租賃房子、上教會等等。到現在她與我及張醫師都還在互動關懷中，她每年皆會自費去全球各地，針對華人及越南人做福音傳教及引人信主的工作，來台灣時都會來探訪我及張醫師。

經常去教會做禮拜，會有機會閱讀更多聖經話語、聆聽牧師證道、吟唱聖詩、教友互動解惑等，慢慢地使我理解到孔孟思想與基督教教義有許

多相同及互通之處，且發現基督教義之聖經有更多涵義是孔孟思想所沒有的，而也感受到我需要透過它去獲得內心更多的平安。

在這孔孟思想與基督教義研究比較數個月期間，我回顧過去交往過的所有台灣朋友與同事，得到一個驚奇的發現：那些有信仰基督教者，他們的工作表現、職階及人格道德等，多比沒信仰者好，為什麼？這給了我很大的震撼！

另外，我回顧在長庚醫院工作數年間，發覺羅慧夫院長從來沒向我們醫師傳過教，也不像聖經所述之耶穌般以博愛恩慈對待我們，反倒是對我們嚴加管教，並以美國高標準要求我們，他為什麼要這樣做呢？照道理說，他是因醫療傳道才從美國來到相對落後的台灣，奉獻犧牲自己及其家人，其目的應是要廣傳基督信仰給他周遭的人、包括我們，使我們信仰基督教才對呀？但做法為何卻是如此呢？

就在此時，我從教堂處收到了「JCEM 86」的傳單，這是多倫多地區的聯合基督教會佈道大會活動，它的主題「What Do I Gain，我得了什麼？」強烈吸引了我！因從小到大，我的成績表現就比別人優異，透過努力讀書，我順利拿到各個階段的求學目標與志願，包括小學、國中、高中、大學等。如願考上了醫學系，畢業後也考上了我喜歡的外科醫師，並在外科中進一步考上了我喜歡的長庚整形外科，尤其又獲准進入長庚整形外科中最難進入、羅院長嫡系的唇顎裂顱顏整形次專科團隊，擔任主治醫師。現又獲院長破格栽培、一升上主治醫師後又立即安排我到全球顱顏整形外科聖地的多倫多大學附設病童醫院，來研修此當時世界最先進的整形新科技。照道理來說我人生至此應是得著多多、春風得意，滿心歡喜才對，但其實卻不是！我心中仍存在著某種不滿意，因每次我得到一個人生新成就後，我發現心中仍會存在一個空缺，那是這些成就所無法予以完全填滿

1986 年多倫多地區聯合基督教佈道大會「JCEM86」的活動傳單。

的，無論此成就有多大皆是。

另外，在品德方面，雖然我篤信孔孟思想，即便我用心遵行，但內心深處仍會存留著某種邪惡、不淨的心念，那是我無法用任何品德努力能予以排除的，此使得我有著深度的挫折感。

所以當此「What Do I Gain」這一主題映入眼簾時，我馬上就報名參加，因我很想知道我這一生如此汲汲營營，到底是能獲得什麼？以及心中之上述兩大人生困惑項目，是否能有妙方得以化解。

佈道大會活動日期為 1986 年 1 月 24-25 日的周末兩日，這兩天中我帶著人生成就與品德看似成功，實則失敗挫折的雙重不滿意及痛苦情結，參加此佈道會，並用心去感受及思考佈道會所欲傳達的訊息。

當牧師說到耶穌道成肉身，住在我們中間，滿有真理與恩典時，我霍然想到羅慧夫院長，並悟覺出他乃上帝公義化身，用身教而非言教方式，施行嚴厲之關愛於下屬以傳教，此令我震撼！

在第二天晚上佈道會即將結束之高潮時段，突然有一道像光之訊息傳入我全身，令我顫抖起來，我突然奇蹟地頓悟出上述兩大人生困惑之答案：只有我承認有罪，並相信耶穌基督為我救主，祂才能進入我生命、赦免我的罪，如此我才能得到真正內心的平安。且經由祂顯示我生命的目的，並給予我能力去實踐它，我心中那空缺的空間才能被完全地填滿！

　　在這樣神奇的尋求與尋著情境下，我告訴我自己，你已得著人生答案，也已知曉你所要的，現在就是你要下定決心的時候！

　　所以，就在此高潮時刻，我自己走出來，站在佈道會群眾前面，大聲地向上帝宣告：耶穌基督，我承認我有罪，我相信祢是我的救主，請進入我生命，赦免我的罪，我將臣服我所有的意志於祢！

　　就這樣我在 35 歲於加拿大多倫多成為基督徒，一個擁有喜樂與平安的靈性新生命，也是我們曹氏家族中的第一位基督徒。在往後兩個月左右的信仰成長與試煉中，我不但沒有後悔，且信心滿滿地感受到此生將只有感謝，沒有悔恨。

　　我立志成為基督徒之訊息傳出後，多倫多華人浸信會就安排我在教會主日崇拜時去做見證，並安排為我受洗。他們認為一位以邏輯、理性思考

曹賜斌的信主見證文。

及工作之外科醫師在行醫多年於 35 歲時，會主動信主乃是少見之異事，也是見證、引人歸主的福音宣揚範例。

除了浸信會外，數家多倫多其他教會，甚至後續我在美國進修時附近的教會，也都邀請我去為此見證，我因而將此事蹟寫成我的信主見證文。

當我將此信主經過，興奮地寫信告訴在台灣的羅慧夫院長，這也是我第一次鼓起勇氣寫信給他。很快地我收到了他的回函，他說他非常高興地將此事與他的秘書及同事分享，並告訴我說，我可從基督徒中得到許多幫助，但最重要的助益則是來自聖經。他要我好好研讀聖經，並附贈一本聖經給我，此讓我非常感動與珍惜。

美加進修 積累經驗

　　1986 年 3 月底我在多倫多臨床進修六個月的時間到期前，我與幾位同在病童醫院擔任不同科別的臨床研究員（Clinical Fellow）同事共 5 人，做了一項瘋狂的舉動，就是一起開車從多倫多南下至美國佛羅里達州最南端的 Key West 島渡假，以懷念這一段研究員的生涯與情誼。

　　我們幾人輪流白天開車，晚上就住 Motel，花了一周左右的時間邊開車邊玩，最後到達 Key West 去拜訪大文豪海明威的故鄉，然後再開車回多倫多。年少輕狂的這一段瘋玩舉止，留下至今永遠難忘的年輕回味。尤其是駛往 Key West 時在海上公路的這一段狹長道路，左為加勒比海，右為墨西哥灣，真是心曠神怡，豪氣干雲啊！

　　在當年 3 月底我即將離開多倫多前往第二個進修地點－美國邁阿密大學附設醫院之前，我向指導老師 Munro 醫師請求幫我推薦一位在美國專長於美容整形手術的醫師，以利我能去向他學習美容整形醫療。因我認為出國除了進修唇顎裂顱顏整形科技外，美容整形手術也是我想同步學習，以獲得整形雙專長的進修目標。

　　Munro 醫師幫我挑選了美國加州洛杉磯及佛州邁阿密兩位美國權威美容整形外科醫師供我擇一，我選擇了後者，因如此我就可在邁阿密市同步修習到整形雙專長。

　　非常感謝 Munro 醫師的去函推薦，在邁阿密市執業的前美國美容外

科醫學會理事長、也是前邁阿密大學整形外科教授的 Thomas Baker 醫師，很快就回信同意我可免費去他的診所觀摩學習，我就這樣如願地於三月底離開加拿大多倫多，南下去美國邁阿密市了。

羅慧夫院長安排我在美國臨床進修唇顎裂顱顏整形的醫院有兩處，一為佛州邁阿密大學附設之 Jackson Memorial Hospital，一為明尼蘇達州 Rochester 的 Mayo Medical Center（簡稱 Mayo Clinic），皆是免費進修性質（加拿大多倫多亦是）。前者跟隨學習的是 Professor Ralph Millard，他是邁阿密大學的整形外科主任，也是美國最出名的唇顎裂整形專家。後者跟隨學習的是 Professor Ian Jackson，他是 Mayo Clinic 的整形外科主任，也美國排名第一的顱顏整形專家。

Ralph Millard 教授學識淵博，教科書及論文撰寫著作等身，做事嚴謹、不苟言笑。他是美國唇顎裂整形醫療的 pioneer 先驅，據說羅慧夫院長的唇顎裂技能早期也是跟他學習的。在美國整形外科醫界輩份崇高，有 God of Plastic Surgeon 之至尊稱呼。

我去佛州邁阿密大學附設醫院 Jackson Memorial Hospital 報到的第一天，他的秘書就將一大疊 Millard 教授的書本及論文 copy 本交給我，並說道：「你要問他問題前，最好先讀完他這些文案，否則他可能會拒絕回答，並叫你去從他的文案中自找答案。」此嚇得我往後幾乎不敢問他問題，與我同期跟隨他的其他三位研究員（Fellow）亦是。而他的跟刀研究員醫師最可憐，上刀時一直在發抖，因 Millard 醫師開刀時專注手術、嚴肅不講話，若他的助手有做錯事或不妥善時還會被罵，故他開刀時開刀房內總是靜悄悄無任何聲響，肅靜到可怕。

他的助手研究員來自中南美洲，為求減少被罵的機會，他常私下向我請益臨床經驗與跟刀技術，因他知我在台灣已當上整形外科主治醫師，且

在多倫多已有六個月的上刀經驗，我當然是同病相憐、傾囊相授的。

　　Millard 教授除了在邁阿密大學附設之 Jackson Memorial Hospital 任職外，也在私立的 Miami Children Hospital 任職。他去私立的 Miami Children Hospital 看診及手術時，我們 Fellow 們也可跟著去學習。

　　此醫院對 Millard 教授非常禮遇，在開刀房內備有 VIP 室供其享用，我們也因而賺到此 VIP 之服務，包括享用精緻的點心、著名的古巴咖啡及雪茄等等。

　　Millard 教授另外也在離 Jackson Memorial Hospital 不遠之處開設自己的私人診所（可能他輩份夠深，故醫院特例允許），叫做 The Plastic Surgery Centre，他也邀兩位在邁阿密大學附設醫院的得意整形外科門生於此診所共同執業，專做美容手術。其中一位為顧顏整形專家 Anthony Wolfe，我也因而同步向他們學習到一些美容整形及顧顏整形手術。

　　我在邁阿密進修期間利用空檔，同時去向當時美國赫赫有名的整形外科教授：Thomas Baker 醫師學習美容整形醫療。Thomas Baker 教授原本在邁阿密大學附設醫院工作，當過美國美容外科醫學會的理事長。之後他帶領他的整形外科同事 Dr. Gordon 在邁阿密市聯合執業、開設整形外科診所，專做美容整形醫療，名聞遐邇，故吸引許多美國及世界各地的整形外科醫師前去學習。我去時已有三位醫師跟隨他們在學習，包括我共四人就成為其美容整形外科的觀摩研究員（Observer Fellow）。

　　我們可跟隨他們看門診及開刀，學到臨床實務經驗，空暇時段可至其診所內專設的美容醫學圖書室，觀看各項精緻的美容手術錄影帶，故沒有時間浪費、收穫豐盛。他們的整形求治者非常多，但他們開刀非常熟練，故速度快，每天皆可開許多台刀，療效亦佳，令人讚嘆。我曾經詢問過他的成功秘訣，他回答我說熟能生巧，只要能每天開同樣的刀，成功就會是

A piece of cake。

他們研創的 Baker-Gordon Chemical Peel 美容換膚療法當時轟動全球，為化學性換膚回春療法之先驅者，至今仍為人所津津樂道。

我在 1986 年 4 月中旬要結束邁阿密之整形雙專長（唇顎裂顱顏整形及美容整形）進修之前，Tomas Baker 教授及其家人還特別邀請我們 Fellow 們到 Miami 一家著名的餐廳吃大餐餞行，盛情感人。

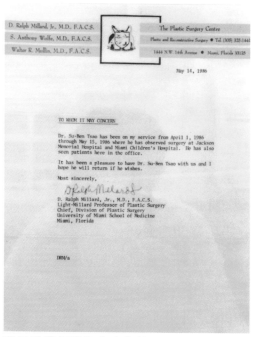

曹賜斌獲得邁阿密大學整形外科主任 Ralph Millard 教授的許可跟診和開刀。

Baker 教授與 Gorden 教授兩人每年都會在 Miami 舉辦國際性的 Aesthetic Surgery Meeting，數十年如一日，我到現還會收到他們的邀請函，非常感恩他們還記得我。

三年多前我出席在 Miami 舉辦的國際美容外科醫學會（ISAPS）學術年會並發表兩篇論文時，在大會的晚會上還很高興地看到 Thomas Baker 教授，他已 90 多歲，白髮蒼蒼，但神采奕奕。因太多人要跟他合照，以致我沒機會排到與他合影，留下遺憾至今。

在 Miami 進修期間發生一件值得回顧之事，故特別記載如下：

胞弟曹賜卿當時也來美國，他是在位於 North Caronila 州的美國 National Institute of Health（NIH）從事博士後研究員工作。他是日本國

立京大學的藥學博士，專長是藥物動力學，拿到博士學位後就到美國繼續做博士後研究工作。在 NIH，他的研究主軸為毒物學（Toxicology），包括空氣、水、土壤等等之毒理研究。可能表現還不錯，有拿到 North Carolina 頒贈的榮譽市民證書。

我在 Miami 進修時，查知邁阿密大學醫學院設有 MD-PHD 的 Program，想要讀醫學的博士們有為改行成為醫師的機會，博士們只要唸三年後醫系，加上一年的實習，就可成為醫師。此 Program 並非全美各醫學院皆有，故非常搶手。

我就告知我胞弟此新訊，他也躍躍欲試，即遞出履歷表應徵並獲安排來 Miami 面試。然遺憾的是，面試第一關就失敗，理由是他並非美國公民。此乃因應徵者眾，故此醫學院設立內部潛規範：只有美國公民並住在美國本土之博士，才有資格通過此第一關之篩選。

我胞弟因而無緣成為醫師，他後來受到台灣第一屆環保署長簡又新之邀請，回台擔任其署長科技顧問，為有給職之職位（簡任十三級），他因而由藥學轉戰成為環保專家。之後歷屆環保署長皆延聘他續任此科技顧問職，直至三年多前才退休，故其應是台灣環保署內任職最長的官員之一。

任職期間，他常帶領立法委員們至美、日兩國考察環保政策與實務，也常撰寫台灣的環保政策白皮書，其對台灣的環保工作與維護，應有一定的貢獻吧！

因醫師夢中斷，我就陪他在 Miami 及佛州旅遊散心，也重溫久別的兄弟情。在 Miami 海灘、Orlando 的 Space Center 及 Disney World，都有留下我們的足跡。

美加進修最後站

結束在 Miami 滿滿的整形雙專長進修行程後,我於 1986 年 4 月中旬揮別 Miami,轉飛至我在美加兩國進修的最後一站～明尼蘇達州 Rochester 的 Mayo Medical Center(通稱 Mayo Clinic,原本是由來自歐洲的 Dr. Mayo 兩兄弟在美國此處創立,初為 clinic 診所性質,之後經營成功逐漸擴展為 Medical Center,後期還設立 Mayo Medical School)。

在 Mayo Clinic 我跟隨進修的老師為 Professor Ian Jackson,他是此醫院的整形外科主任,專長顱顏整形手術,也是美國整形外科醫界最負盛名、病人數排名第一的顱顏整形權威醫師,與加拿大的 Ian Munro 醫師在世界上齊名。

Ian Jackson 教授的顱顏整形治療病患涵括性很廣,包括先天性顱顏畸形、後天性之顱顏急性外傷、外傷性畸殘、腫瘤畸形、唇顎裂修補與後期之正顎手術、及美容性之臉型改造(Facial Contouring)等等皆有,與加拿大 Ian Munro 教授專治先天性顱顏畸形有所不同,所以我在這裡就學到更多面向與療項的顱顏與唇顎裂整形手術醫療。

Mayo Clinic 是美國排名第一、病患最多的醫院,很多病人皆由直升機從全美及世界各地運送前來醫治。它的醫療流程效率極高,病人常是第一天下午看診後即住院,第二天就排定手術,術後 1 至 3 天後就會出院,且病人數量龐大,醫療非常忙碌。我去到 Mayo Clinic 時已有 3 位醫師,

包括我共 4 位，擔任 Jackson 教授的研究員（Fellow）與助手角色。

　　我們每天工作流程如下：每天早上五點半開醫療晨會（Morning Meeting）、六點半查房、七點半進開刀房開始手術。因 Jackson 教授名氣大、病人最多，故多會安排 3 個開刀房同時手術，否則手術會開不完。開刀時如同加拿大的 Ian Munro 般，只開最重要之手術步驟，其餘皆由我們 Fellow 及 Mayo 的整形外科住院醫師們協助完成手術，再由 Jackson 教授驗收之。手術一般必須在下午 1 至 2 點時結束，午餐則在開刀房內輪流用餐，下午則跟隨 Jackson 教授看診。下午約 5 至 6 點看完診後我們 Fellow 及住院醫師則要轉去病房，接辦下午看完診、明早欲開刀之新病患住院程序，及處理術後住院順利之舊病患出院程序，晚上到天亮住院醫師還要值班，處理夜間急診病患之手術治療，及住院病患之醫療處置，如此周而復始，周末則休息。

　　在長庚醫院工作時我們是早上七點 Morning Meeting，八點查房，八點半進開刀房開始手術，下午主治醫師看診，住院醫師則接住院新病患及辦理舊病患出院，晚上若值班則要開急診刀，常開至天亮。長庚醫院整形外科病患數量及治療工作量已是全國最大，約為其他大醫院的兩倍量以上，我們都引以為苦及傲，沒想到來到 Mayo Clinic 才發覺是小巫見大巫，在治療數量與效能上長庚皆瞠乎其後，此時才知道人外有人，天外有天，美國醫師才真是辛苦，我因此在回台後心態更加謙虛，工作更加敬謹。

　　也難怪長庚醫院當初建院時就是以 Mayo Clinic 做為藍圖，雄心壯志企圖建造出台灣版的 Mayo Clinic，也挖角美國醫師，包括我恩師－羅慧夫醫師擔任創院院長，及派人去學習 Mayo Clinic 的醫院管理，現果然如願以償。

　　Ian Jackson 教授雖然與 Ian Munro 一樣皆來自英國，但他待人卻親

切溫暖，無英國人固有之冷漠傲氣，我們都樂於與他交談。他幾乎每個周末都邀請我們 Fellow 及住院醫師至他家聚餐及喝酒聯誼，他太太亦親切接待我們，溫馨感人。他們很有愛心，還認養唐氏症小孩在他們家。

Jackson 教授論文撰寫數量驚人，數周就有一篇獲刊登，我真不知他工作這麼忙碌，也經常到各處去出席、主持醫學會及發表論文，周末還要陪我們聯誼，怎還會有時間與精力撰寫論文，而且還這麼多，真乃神人也！

Rochester（羅徹斯特）是一個小鎮，此鎮幾乎是以 Mayo Clinic 為中心而設立的，許多住家及旅店都有地下道直通此醫院，因 Rochester 所在之明尼蘇達州位在美國的中北部，氣候寒冷，當時全年約六個月期間都在下雪，故走地下道才能通行無阻到達醫院。我四月中旬去進修期間就租住在有地下道通往 Mayo 的一家旅店（Inn）內，那時還有在下雪，室外溫度最冷還達到攝氏零下 20 度，故如此才能每天清晨五點半走地下道準時到達 Mayo 參加晨會。

急接羅院長的回台人事令

因 Mayo Clinic 的病例繁多，研究題材豐富，激起我想多留一年擔任其 Research Fellow，並撰寫研究論文之心願，遂在 1986 年 6 月下旬，我誠摯寫一封信給羅慧夫院長，表達希望能將在 Mayo Clinic 之進修時間，延長至一年之意願。沒想到一周左右後突然接到羅慧夫院長的緊急電報，因當時沒有手機及 E-mail，他沒有直接回覆我，電報內容只陳述下文：Emergent situation, come back immediately.（緊急狀況，馬上回來）。

收到此電報猶如晴天霹靂，嚇壞了我，不知發生了何等大事，我於是

匆忙終止在 Mayo Clinic 之進修行程，於 6 月底束裝返台。

　　回到台灣後第二天即向羅院長報到，沒想到他二話不說，只是手舉向南方，告訴我說：去高雄，並要我兩日內回覆。我丈二摸不著頭緒，趕快找我的大師兄陳昱瑞主委詢問原委。陳主委於是好心請我吃飯接風，並告知我來龍去脈。原來高雄長庚醫院已於 1986 年 1 月成立，林口長庚整形外科資深醫師沒有人有意願南下專職工作，只好從 1 月份起每月都由一人輪流南下兼職應付之，包括資深之蔡裕銓醫師，陳昱瑞醫師，魏福全醫師，翁昭仁醫師，楊瑞永醫師，陳宏基醫師等等，但醫師輪流南下短期醫療之性質，對高雄病患之治療欠妥善，無連續性且績效不佳。故羅院長才會痛下決心召我回來，指派我南下專職，及授權我推動高雄長庚醫院的整形外科科務。

　　於是我詢問陳昱瑞主委的意見，原本我是期待在 Mayo Clinic 延長一年回來後能與他共事，在他領導下好好經營他在林口長庚創設的台灣第一個顱顏中心（Craniofacial Center），然而陳主委

曹賜斌視已故的羅慧夫院長為一輩子恩師。

卻回答我說：「美好的田園，等待你去耕耘」，我聽完愣在現場，腦中突然一片空白，已忘記當時是如何回應他了。

等我回神後，趕快探查高雄長庚醫院是位在何處？高雄縣鳥松鄉！這是鳥不拉屎的荒郊野外嗎？還好我的大哥久住高雄，於是向他詢問，才知並非荒郊野外而是位在澄清湖畔，高雄市近郊，他歡迎我去高雄。心情較穩定之後我自忖仍單身未婚，可行動自如，且依 Ian Munro 老師所述，一個完整的顱顏中心可照顧六百萬人口，而台灣那時人口數為一千八百萬人，應可容納三個顱顏中心。若我南下高雄，依我是台灣第二位經歷過顱顏醫師訓練之身份，應可在高雄長庚醫院設立台灣第二個顱顏中心，專責照顧南部顱顏病患，不辜負我的美加顱顏整形進修訓練。且此為恩師羅院長的「殷切」期待，而南下高雄又符合寧為雞首不為牛後之行事法則，於是我毅然決定離開台北老家，南下高雄任職，並與我的高雄大哥為伍。

我就是這樣於 1986 年 7 月初起，由台北人變成高雄人的，最後在高雄落地生根、結婚及執業，也在 1995 年如願在高雄長庚醫院設立了台灣第二個、也是至今台灣唯二之顱顏中心。

Chapter 3-4

南下草創 從無到有

1986 年 7 月初我由林口長庚醫院（林長）南下高雄長庚醫院（高長）時，真是篳路藍縷，整形外科醫師人力只有我及另一位比我早去一、二個月的年輕主治醫師，沒有住院醫師及實習醫師協助，我們兩人要統包所有整形外科之門診、開刀房、病房、急診、別科照會等醫務作業，而在高雄長庚醫院設立的 20 床南台灣最大燒燙傷中心病患之醫治，也是由我們來負責處理（其他大醫院頂多只有 6 床）。我們兩人白天一起處理所有的整形外科醫療，包括唇顎裂顱顏整形、手外科、肢體顯微重建整形、頭頸部腫瘤切除及整形重建、燒燙傷、褥瘡慢性傷口潰瘍等等，晚上則輪流值班處理急診之外傷整形重建手術，包括車禍導致之顱顏面或肢體撞裂傷、酒後砍殺導致之斷指斷臂的顯微重接等等，累得團團轉。

高雄長庚第一年沒有健保，所有病人皆屬自費醫療，故整體病患數還未太多，工作雖忙，還可硬撐。第二年起高長獲得健保申辦後，因高長醫院管理方式沿用林長，看診及住院安排皆電腦化，病床公開化，不須靠人情走後門、醫師薪資無上限不須靠拿紅包補薪、急診看病不需先繳保證金、晚上急診刀主治醫師仍親力親為等等醫院親民措施，使得病人如潮水般湧來，我們就再也撐不下去了。

1987 年因高雄長庚醫院於開幕滿一年後獲得健保申辦，病人遂如潮水般湧來，於是我就求救於林口長庚羅慧夫院長，請求醫師人力增援。羅

慧夫院長因而向外緊急招募整外主治醫師，很快就招到兩位醫師，並指派他們南下高雄長庚上班。此兩位醫師皆來自台北馬偕醫院，為馬偕整外總醫師訓練結束後不久者，一為江原正醫師，一為陳添興醫師。我如獲至寶，於是請江原正醫師專責肢體顯微重建整形與手外科醫療，陳添興醫師專責燒燙傷整形重建醫療，所幸都獲得他們的同意，我因而初步解決了人力急缺的燃眉之急。

　　完整的整形外科醫局，高雄長庚還欠缺專長於頭頸部腫瘤切除及重建整形的主治醫師。於是第三年我又向林口長庚羅慧夫院長要人，羅慧夫院長於是指派林口長庚整形外科內，自紐約返台、與蔡裕鈺醫師學習頭頸部腫瘤切除與重建的新進吳偉敬醫師來高雄長庚上班，自此高雄長庚的整形外科次專科模式已與林口長庚雷同，只是具體而微而已，亦即具備唇顎裂顱顏整形、肢體與手重建整形、燒燙傷重建整形、頭頸部腫瘤切除與重建整形等完整的整形外科四大次專科主治醫師皆已到位，往後就可在此架構上擴展及深化執行，以期達到羅慧夫院長於我決定南下就任之時，期許我的複製、建造出與林口長庚同樣格局的高雄長庚整形外科醫局。

　　之後數年間又陸續有各次專科的整形外科主治醫師由林口長庚南下轉任，包括劉奕添醫師（頭頸部腫瘤重建）、葉明中醫師（神經顯微重建）、鄭勝峯醫師（肢體顯微重建）及黃慧芬住院醫師（唇顎裂顱顏重建）等等。加上高雄長庚自第三年起獲准可招收整形外科住院醫師訓練（如郭耀仁醫師，楊正三醫師，張簡志炫醫師），且南部其他醫院也陸續向高雄長庚申請能代訓其醫院之整形外科總住院醫師（如海軍總醫院、國軍總醫院，高雄市立醫院），高雄長庚的整形外科至此就朝向成為南台灣屬一屬二的大軍團邁進了。

　　醫療硬體開創方面，於 1987 年，即高雄長庚成立第二年，我就在高

雄長庚內協助成立南台灣第一個、台灣第二個美容外科中心（林口長庚為台灣第一個，由羅慧夫院長設立），以期同步推展美容整形醫療。此中心設在醫院二樓較隱私之處，裝潢較優雅高級，且有獨立的門診與開刀房，希能因而吸引美容整形求治者前來就醫。中心內備置有數台皮膚美容相關雷射儀器，可與高雄長庚皮膚科醫師前來共用，另有一台高頻電波皮膚療機。整形外科主治醫師皆可在中心內安排看診及手術（此與林口長庚不同，僅資深主治醫師才能做美容整形診療）。

設備及醫療團隊的創設

為使高雄長庚整形外科住院醫師（R4－R6）在三年的訓練課程（Training Program）中，可涵括美容整形醫療，我於是開創性排定整形外科總住院醫師（CR，即R6）在其一年訓練過程中，有三個月時間要固定在美容外科中心內，當做各主治醫師之美容手術助手，且可獨立看美容門診，並可安排手術，但手術要掛在某位主治醫師名下。手術時可主刀，但需由該主治醫師在旁督導之，此美容手術醫師治療費（PPF）則歸給此主治醫師。如此的排定使整外CR在其訓練課程中，有機會得到美容手術及其門診診療之實務訓練，故三年的整形外科住院醫師訓練才能涵括整形重建及整形美容兩大領域，訓練內容才屬完整。因高雄長庚與林口長庚的整形外科住院醫師當時是採南北交換訓練制度，此項創新訓練制度應屬長庚及全國各醫院首創，也獲得林口長庚總部的認可，因而得以落實執行。

另一項醫療硬體開創為顯微重建手術加護病房之設立。在高雄長庚整形外科成立第五－六年左右，肢體顯微重建次專科之主治醫師已增至3至4人，幾乎每天白天都有顯微重建手術在執行，夜間還有急診斷指再接的

顯微手術湧進，此時血管重接術後之肢體血液循環維護，以防杜隨時血管阻塞造成顯微手術失敗之病房加護型照顧，已迫在眉睫，因而我與高雄長庚顯微重建次專科最資深的江原正醫師聯手，仿效林口長庚魏福全教授創立的全台第一家顯微重建手術加護病房模式，在高雄長庚的整形外科病房內也創設出具體而微的 4 床加護病房，24 小時有專責護理師每小時偵測顯微手術後游離皮瓣（Free Flap），或再接斷肢之血液循環狀態，若有異常則會即時通報醫師緊急處理，如此大幅提升了顯微重建手術的成功率。

　　跨科際的整形醫療團隊開創方面，我在高雄長庚設立後之頭十年內共創設三個此項團隊醫療，以符時需。它們包括：（1）顱顏整形團隊。（2）手及肢體重建團隊。（3）頭頸部腫瘤團隊。茲分述如下：

顱顏整形團隊：

　　這是我決定南下高雄長庚的主因之一，故在第三年科務及人力較穩定後就著手設立之。非常感謝林口長庚創院羅慧夫院長及林口長庚整形外科之「皇家部隊」巨大影響力，我以高雄長庚顱顏整形團隊召集人身份開始在高雄長庚招兵買馬、邀請各相關科別主責醫師或專家加入團隊時，幾乎沒有碰到大阻力。很快我依國際標準召集到設立完整顱顏整形團隊應有之成員，包括神經外科醫師、眼整形科醫師、矯正牙科醫師、語言病理師、精神科醫師、小兒科醫師、臨床心理師、社工師等專家，他們大多為該科之主任或部門主管。我們每個顱顏病患都會安排其至相關之團隊成員處看診或諮詢，之後我再召開顱顏整形團隊會議，共同研討出對該病患最適切的身心醫療方案，並涵括其術前術後之醫療補助費用申請、及顱顏整形改頭換面後之求學就業心理社會適應等等，希能予病患完善性之身心醫治。如此順利推動，因而於 1995 年在高雄長庚得以設立南台灣第一個、也是

台灣第二個顧顏中心而圓夢。

手及肢體重建團隊：

　　高長成立後數年，各科皆蓬勃發展，除了整形外科外，骨科在發展其次專科中也想擴充至手及肢體之顯微重建手術領域，導致與整形外科間出現衝突與紛爭不斷，我於是召集整形外科、骨科與復健科三科醫師對話協商，並成立手及肢體重建團隊來解決此事。我請復健科醫師擔任召集人，固定時間召集三科醫師開會檢討，由復健科醫師針對兩科醫師治療手及肢體顯微重建之案例，依其術後之肢體功能恢復能力，包括關節活動性、神經恢復性、肌力肌耐力恢復性、外觀正常性等等，來客觀評斷何者手術技能較佳，再依此推薦何項性質之手及肢體重建，宜由何科醫師執行較妥，並防杜高長此項醫療品質出現一國兩治的落差弊端。此舉有效化解兩科的爭執對立，也在第三者客觀仲裁及彼此競合中，逐漸提高了兩科此項醫療之醫治技能與效能。

頭頸部腫瘤團隊：

　　頭頸部腫瘤的治療牽涉到腫瘤切除完全與切除後之傷口重建復原工作，此醫療領域涵括整形外科、耳鼻喉科與牙科中的口腔外科等三科。各科原本各自為政也各不相讓，於是經常會出現切除不完全造成癌瘤日後復發（因不敢切除太多癌瘤周邊組織，否則傷口會關不起來或重建困難而自陷困境），或重建不完善造成功能復原之缺損或外觀畸殘等後遺症。加上若單一科醫師要同步處理腫瘤切除與切除後之傷口重建整治工作，往往手術都是從早上開到晚上要花費十多個小時而精疲力竭，以致到晚上時多會草草收尾，因而導致療效常會不佳，或造成病人最終因癌瘤擴散而致死之

遺憾。我因而出面召集三科加上病理科等四科醫師們來對話協商，並成立頭頸部腫瘤團隊來解決此事。我請病理科醫師擔任召集人，固定時間召集四科醫師開會檢討，由病理科醫師依據三個外科系統醫師之切除檢體中腫瘤切除（Surgical margin）乾淨度，以及晚期追蹤之腫瘤復發率，來客觀評斷何者手術技能較佳。再依此推薦何項性質之此類腫瘤，宜由何科執行醫治較妥。此舉有效化解三科間之爭執對立，也在病理科之客觀仲裁中，大家逐漸願意各退一步，並感謝上帝，最終大家都同意接受我的建議案：腫瘤切除工作由耳鼻喉科或口腔外科醫師先執行（依病人看診時之醫師選擇），後續傷口重建整治工作則統一由整形外科醫師來接手執行。如此分工合作手術，大家都不會太累故可全力以赴，可彼此儘情做好起頭之腫瘤切除完全、乾淨，與接續之傷口重建整治工作，且術後之醫治責任及處置亦可予以區分清楚，腫瘤復發則屬切除醫師之責任，重建整治不佳則屬整形醫師之責任。另外健保給付之申請也會較為有利，頭頸部腫瘤切除與重建由不同科醫師分別申報，較由同一科醫師申報，給付會較多也較合理，在健保血汗工廠與制度下，醫者之血汗付出也會依此申報而得到較合理化之回報。

照護 SOP 與專科護理師催生

　　除了創設顧顏整形團隊、手及肢體重建團隊、頭頸部腫瘤團隊之外，在全院性的醫療制度方面，還有兩項創建：一為傷口照顧標準模式，一為專科護理師催生，茲分述說明如下：

傷口照顧標準模式：

　　整形外科專治巨大、難治或慢性潰瘍之傷口，全院各科醫療人員皆知，因此我們會經常收到各科的此項醫療照會，請求治療其住院病患這些傷口，此包括糖尿病足潰瘍、褥瘡、全身各處慢性潰瘍、各科手術術後傷口癒合困難之收尾治療照顧等等。

　　我們的傷口照顧方法包括清創手術、局部或顯微游離皮瓣轉移覆蓋傷口、植皮或傷口濕敷照護（Wet Dressing）等等，依不同的傷口潰瘍程度及病人狀況，來決定其適切的照顧模式。

　　其中濕敷照護是要由照會該科的病房護理人員，依照我們製定的標準作業模式（SOP）來做，才能落實執行力，因我們整形外科專屬病房的護理人員人力有限，無法至全院各照會病房處去執行此項傷口照護工作。

　　此項我們整形外科製定的濕敷照護 SOP，因而成為全院性的傷口照護標準模式。它的 SOP 很簡單但很花費人力，即以生理食鹽水浸濕的紗布覆蓋在傷口上，並每兩小時更新此紗布，期間必要時還要滴生理食鹽水予以濕潤，以防紗布變乾致與傷口沾黏。我們還因此要到全院各部門去教導此項濕敷照護技能，以使全院傷口照護品質一致性。

　　濕敷照護醫理為傷口要在潮濕及密閉環境中才易促進癒合，且紗布可吸收傷口不潔分泌物，故兩小時更新一次紗布就可使傷口逐漸乾淨化。此法有效挽救許多肢體免於截肢，或防止傷勢及感染擴大甚而衍生敗血症致死，但此照護極耗費人力物力，故醫護人員都苦不堪言，累得苦哈哈。

　　因而數年後（約 1991 年）我遠赴北歐丹麥去研習當時國際最新之傷口照顧方法～ Hydrocolloid Dressing（親水性敷料），並率先引進台灣此新敷料療法，在高雄長庚開始使用。傷口紗布濕敷改為塗抹可吸吊性的軟膏（吸收傷口底部膿血分泌物並予往上吊提）及貼上人工皮（吸附住上吊之分泌物，並保持傷口穩定處在密閉及潮濕的環境），換藥次數由每兩

小時 1 次降為一天 1-2 次。如此改變大幅降低了換藥次數與人力，且傷口癒合效能也變得更加快速，因而大幅造福此類病患。

　　不論是用濕敷照護或是親水性敷料照護，在傷口逐漸收癒及長滿新鮮肉芽組織後，我們整形外科會再進行後續清創、植皮或皮瓣覆蓋手術，以求治癒此種潰瘍傷口，或救回免截肢之肢體。

專科護理師催生：

　　高雄長庚整形外科科務逐年擴大，主治醫師（VS）逐年增加，但整形外科及外科部之住院醫師及實習醫師人力卻相對地沒成對比增多，於是出現較年輕 VS 轄下已沒有醫師人力，可協助其在病房及開刀房治療病患之窘境。

　　美國過去亦發生過此窘境，因而衍生出一個大學新科系 Physician Assistant 系（醫師助理系，簡稱 PA），來解決此困境，此人才在美國醫院很搶手。台灣因沒有此類大學科系准許設立，故求救無門。

　　我因而仿效在林口長庚整形外科亦在萌芽試用的專科護理師（Nursing Specialist，簡稱 NSP）制度，於高雄長庚與護理部協商獲准後，在整形外科病房招兵買馬，針對第三年年資（N3）及以上之護理師，提供她們能成為 NSP 之職場轉變機會。

　　一般 N3 在次年有幸晉升為 N4 後，就有機會申請升任為病房護理長（HN），但一個病房僅能有一位 HN，僧多粥少，且升 HN 後要開始處理病房行政與護理師管理工作，臨床護理技能可能就會停滯。

　　我提供整形外科 NSP 在住院或實習醫師人力欠缺時可逕行取代他們，直接跟隨主治醫師（Visiting staff，簡稱 VS）在病房進行診療工作，包括換藥，病患有異常狀況而主治醫師在開刀或看門診，不在病房時，可及

時機動性開立臨時處方，等主治醫師當天有空回病房時再予複簽之權利，得以先緊急處理、以增醫治時效。如此她們的臨床技能訓練上就可大幅提升，而成為醫師助理，名望上也會獲提升。

另外，我也爭取到提升她們的薪資達到第一年住院醫師之月薪水平。這些措施果然見效，有資格之護理師們爭相前來報名爭取，最後我擇優錄取四名 NSP，開始予以半年集訓及考核，之後派駐在整形外科病房，此使得整形外科每位主治醫師轄下都能配置一位住院醫師或 NSP 在病房處協助，因而主治醫師可放心及準時去開刀及看診，增加醫療效能與產能。

而在開刀房內，我也爭取到一位整形外科手術助理（從醫事技術學系或復健科系畢業人才中應徵），協助促進整形外科的手術流程與效能，使手術速度得以加快及提升手術醫療品質。

整形外科 NSP 制度設立後整體科務效能顯著提升，此舉引起高雄長庚醫院創院的范宏二院長注目，他的大腸直腸肛門外科亦急需此種病房助理協助，於是在我的推薦下他的科內也增設 NSP，因而將此 NSP 制度最終催生到全院。

專科護理師（Nursing Specialis，簡稱 NSP）制度在台灣催生初期，受到來自保守派醫師及護理部高層的反對，他們怕因此會訓練及製造出密醫而犯法。故我一開始即採取防弊配套措施因應，即只訓練專科護理師們的病房醫師助手技能，開刀房另找手術助手替代，門診診療也不讓她們過問，如此她們學到的醫療技能非常局限，就不敢妄想或挺而走險去當密醫。後續事實也驗證如此，至今全國沒有發生過此事，反倒釀造出一件美事，即我訓練出的一位專科護理師後來受激勵立志要當醫師，她奮發圖強去重考醫學系又真正考上，經過醫師養成訓練後現已是一位內科醫師。

「No Excuse」奉為準則

　　高雄長庚整形外科每周召開三天科內晨會，另兩天早上參加外科部及全院性晨會。科內晨會早上七點開始，由我主持，八點結束。八點到八點半查房，之後大家分別去開刀或看診。

　　所有整形外科醫師都要參加科內晨會，包括主治醫師、住院醫師、代訓醫師、實習醫師及專科護理師等。三天科內晨會內容涵括最新期刊之各四大整形外科次專科（唇顎裂暨顱顏、手及肢體顯微重建、頭頸部腫瘤、燒燙傷）論文研討，治療併發症或致死病例之檢討改進，同仁醫學會論文提前報告，每天進出住院病例及異常事件報告、廠商新醫療藥品或醫材介紹等等。為使期刊論文研討對大家有正向收獲，我都會將所有欲研討之論文事先讀過，並與該次專科教科書或相關期刊做比對，再挑出該論文重點及可與大家研議事項，此常會因而忙到深夜，但如此第二天主持晨會時才能做出使大家信服、有益的評論與決議，進而凝聚科內向心力。

　　由於各主治醫師就任時都已選妥次專科專長，專職此醫療，我們也都會互相尊重、在看診時彼此互相轉介次專科病患（美容整形則例外），在科務上我也力求以公正、公平、公開模式並以身作則，故科內氣氛和睦、正向、團結。加上上述各項軟硬體創建之協助，及大家齊心合力經營下，整形外科規模逐年擴大，在高雄長庚醫院成立頭十年（1986 － 1996 年）內，我們整形外科的主治醫師升至八位，整形外科住院醫師（R4 － R6）

及代訓醫師有四至六位，外科部住院醫師及實習醫師有二至四位，專科護理師四位，一位手術助理，一位語言治療師，一位經營助理，一位秘書，三位護理長（病房、美容外科中心、燒燙傷中心），護理師近一百位。整形外科每月平均開刀人數近四百人，擁有經常滿床還需外借別科病房之五十多床整形外科專屬病房（9A），美容外科中心（內含兩個開刀房），顱顏中心，20床的燒燙傷中心（內含一個開刀房及水療室），顯微重建手術加護病房（內含4床），四個診間的整形外科專屬門診區，3間整形外科專屬的大開刀房等，此規模與「業績」使高長整形外科擠入全國醫院整形外科優良排行榜前排內，在高雄長庚院內也成為僅次於骨科的第二大科，如此應無愧於羅慧夫院長對我們當初設立高雄長庚整形外科時的期盼吧！

　　羅慧夫院長在高雄長庚於1986年成立後頭兩年，每周皆會南下高雄長庚兩天，一方面做診療，一方面輔導及「督軍」高雄長庚整形外科。那時還沒有高鐵，他每周一上午坐飛機南下高雄長庚開刀，我都擔任其手術第一助手，他平均早上會開2至3台刀，大都為唇顎裂病患。下午看診，我亦在旁協助，包括與病患溝通、解說，拆線換藥、更換鼻套、安排住院手續等等。

　　他的門診病患極多，許多人都是慕名前來，要來目睹會講台語的美國醫師及林口長庚總院院長。即便我在旁協助，也多要看到晚上六、七點後才能結束。第二天，即周二早上七點他會在整形外科病房做總查房，此時我們全科總動員，所有醫師、NSP及護理長、護士都要到場，浩浩蕩蕩一、二十個人，由我帶頭引導他查房。他每位住院病人都要查看，並要求我在每位病人床邊為他做病況報告，以利他實地了解、診查，及做治療評論。

　　此舉嚇著了我，因五十多床的病患是由所有整形外科主治醫師的病患

組成，而要醫療權責分明、我平時只會查看我的病患，對其他主治醫師病患之病況當然是不清楚、也不會過問的，因而我曾向羅院長委婉抗議過，但他仍堅持此事，並告知我說，我讓你當科主任，就是要你全權對我負責，科務我只針對你，科內任何病患有問題或出錯都唯你是問。並對我說出一個至今我永遠難忘的指令：「No Excuse，It＇s all your fault」。我為求生存及達到 No Excuse 的境界，因而在他來的周一晚上就自己先去病房查看所有整形外科住院病人，翻查其病歷，並背下明早要對羅院長報告之病況重點，常因而忙到深夜才敢「放心」回家睡覺。

第二天早上順利總查房後（初期不太順利，被他當場罵過好幾次），他就去開刀，我當然也繼續當他的手術助手，在第二天中午手術結束後，羅院長就搭機返回台北，而他兩天來開刀後的病人住院照顧全責，亦由我承擔，一般唇顎裂病人會在住院兩三天後才出院，如此周而復始。第二年在整體情況穩定後他改為一周來一天（周一），早上開刀下午看診，我仍是全程協助，直到第二年結束後，他才放心結束南下輔導及督軍的角色，從此南部八縣市的唇顎裂病人醫治重責，就因而順利轉責到我身上，病患即可就地在高雄長庚診治，不會再如往昔般需北漂上林口長庚找他診治了。因在這兩年中，我對病患之病情述說口氣、病房照顧、醫治模式，都與羅院長雷同，有病患告訴我說你好像吃到他的口水一樣，少數我治療的唇顎裂病患，療效亦與羅院長者相近（當然不如他好），且羅院長與我的病患們在住院及看診時，亦會互相交談及比較，從而他們查知我這位跟班小咖醫師還算不錯，值得信賴，因而後續照顧與治療可放心交託給我處理。

非常感謝羅院長辛苦利用兩年時間南下高雄奔波，與改造並「複製」我，使南台灣廣大唇顎裂病患得以逐漸轉手給我就地醫治，而不需再辛苦

林口長庚醫院整形外科於 1987 年之大合照，我位於第二排右二。

北上林口長庚求治。且對我嚴厲督責並指令要求行事 No Excuse 之美國西
點軍校校訓及行為準則名言，則成為我一生受用不盡之恩典，他是我醫療
專業的嚴師，與人生信仰的恩師。

基金會與協會

　　羅慧夫院長自掏腰包在台北設立的羅慧夫顧顏基金會，其南部分會一
直苦於無固定安身處所。為求基金會能就近照顧南部顧顏及唇顎裂病患，
且為求能回報羅慧夫院長，於是我設法努力協助，終於利用高雄長庚整形
外科門診區域擴建時機，挪出兩間新房間之空間，供做基金會南部分會租

借棲身之用，使其南部分會的主任及社工員，終於有固定上班之穩定場所。

此外，基金會南部分會只有 2 個人力編制，要以此人力照顧南台灣廣大的唇顎裂及顧顏病患，實乃捉襟見肘，因而我進一步出手相助。於 1994 年我邀集南部唇顎裂及顧顏病患與家屬，組成高雄唇顎裂及顧顏病患聯誼會，使大家得以互相認識及彼此激勵。第二年我從中遴選出具企業董事長身份的一位唇顎裂病患家長，出面將聯誼會進一步改成協會，並予在高雄市社會局立案。

1995 年協會的成立大會，我安排在高雄長庚醫院的大禮堂召開，羅慧夫院長及基金會王金英執長還專程南下現場支持與祝賀。

協會創立時由這位陳姓董事長予命名為高雄市植福協會，取自於種植福田之美意。協會成立時會員數有近百人，理監事有十多人。工作人員包括總幹事、社工員與行政兼出納等專職人員，人力較多好辦事，以此可來協助基金會，彌補其人力不足之窘境。

基金會與協會之角色區分為：基金會出錢與資源、協會出人力，基金會為全國性，協會為地區性，基金會為主，協會為輔，以此可互相彌補，分工合作，增進對彼此會員病患與家屬的更完整服務。

陳姓董事長隔年不幸罹患肝癌病逝，於是我只好出面擔任理事長，並將協會更名為高雄市唇顎裂暨顧顏協會，以利社會大眾一看即清楚知曉協會本質，從而能增進對協會的關懷與奧援。

協會成立至今已 28 年，與基金會曾合辦過數次活動而互益。協會理監事及理事長每兩年改選一次，至今已十四屆，我皆以創會長身分輔佐協會運作至今。

Chapter 3-6

高長整外十年點滴

　　高雄長庚整形外科還有兩件事與羅慧夫院長有關，即為基督徒團契的創設，與醫學會論文口頭報告前的審評。茲分述如下：

基督徒團契的創設：

　　我因受羅慧夫院長精神感召而於 1985 年在加拿大決志成為基督徒，回台後常尋思如何延續此珍貴的信仰傳承。在高雄長庚整形外科醫局之開創重責，於數年後逐漸實現而心情也漸放鬆時，我突然想到多倫多大學學生基督徒團契舉辦的聖誕節滑雪傳福音活動，是引導我成為基督徒的源頭，於是決定仿效及催生基督徒團契在高雄長庚院內成立，以便能引領更多人信教及傳揚福音，以此來感念羅慧夫院長。

　　我找到高雄長庚創院的范宏二院長陳情此事，希能予設立。范院長基於其過去曾受羅慧夫院長栽培得以出國深造、成就壯志之恩情，表達樂觀其成之意念，但告訴我說，為求公平，他也會同步開放其他宗教團體對醫院的此類申請。我於是樂得開始籌劃，我找到整形外科門診區域之某一閒置空間，當做團契基地，可放置基督教書籍及文物，夜間門診結束後可當做團契活動地點。並私下找尋到高雄長庚的一些基督徒醫護人員，告知此理念及請大家分工合作進行，終於在半年左右、約於 1994 年創設出高雄長庚首家基督徒團契。我們初期每個月聚會一次，吟唱聖詩及研讀聖經，

請關懷牧師來講道，請基督徒來做見證，也歡迎住院病患來參加。最特別之事是羅慧夫院長居然有一次竟願受邀參加來見證，令我及大家感動萬分，真是感謝主！

醫學會論文口頭報告前的審評：

我在高雄長庚時期每年都會參加國內外醫學會數次，及發表唇顎裂或顱顏論文二至三次。當羅慧夫院長南下時，我會利用他空檔時機在會議室對他做我的醫學會口頭論文會前報告，請他做審評。他都會用心聽講，之後以美國高標準用直接且嚴厲之方式，批判我的論文報告內容缺失，亦包括幻燈片品質、英文語音與用詞等等，使我難堪、受窘，向他解說示意此乃台灣，不是美國，但他仍不降其高標竿，要我依此修改及演練，多次皆如此。旁聽之我師弟陳國鼎醫師（現為台北醫學大學附設醫院的唇顎裂顱顏外科主任，當時為林口長庚整外住院醫師，有南下到高雄長庚做住院醫師交換訓練）還曾為我打抱不平過，對此他應有相當的回憶感觸吧！但羅慧夫院長之如此嚴厲對待我的學術表現，逼我能清楚認知自己的缺失，才能激底改變本質，因而能翻轉更新、改進，才有我今日的小小成就。現在回想起來，當時之難受窘境、甚至怨恨，皆已化為今日之甘甜與感恩，真是嚴師才能出高徒啊！

我在高雄長庚擔任整形外科主任十年任期中，也得益於三位林口長庚整形外科師兄的指導，受益良多，非常感謝：

魏福全院士：

當時他亦擔任林口長庚的整形外科主任，我常去電向他請益科務管理事宜，他都親切並詳盡回應，他也常在晚上或假日有空時段來電關懷我，

或彼此交換對工作與諸事之意見與心得分享，常常一談就是一、二個小時，直到手酸。現在回想他當時是諸事繁忙，還願亦兄亦友般花費許多時間關懷、指導我，真是感激在心。

陳昱瑞主委：

我做第一台顱顏手術時，他專程南下高雄輔導我；我第一次國際顱顏外科醫學會論文發表，是用他的論文以第二作者名義上台做口頭報告，報告結束後我們兩人的加拿大共同老師 Dr. Ian Munro 還在場對我做 Thumb-up 的動作恭喜我，令我倍感榮耀。

這篇論文題目我還記得是 Hemimandibular Hyperplasia（半邊下頜骨增生症），醫學會地點在義大利的佛羅倫斯，時間是 1989 年。陳主委數次與我共同出國，出席國際性唇顎裂顱顏醫學會，或國際整形外科醫學會時，都跟我合住一個旅館房間。他都很溫馨對待我，包括我欲發表之論文的事先觀看及輔佐等。他對我的學術成長與信心建立，貢獻重大。

楊瑞永教授：

我在高雄長庚創設的整形外科總醫師強制修習美容手術之訓練制度，他全力支持我，當時他是林口長庚的整形外科主任，因而此制度才能夠落實執行，嘉惠整外住院醫師。另外他總是很慈祥的關心我及鼓勵我，令我能在困頓期時重生鬥志，奮發圖強，他是我最溫暖的師兄。

高雄長庚的美容外科中心在高雄長庚成立第二年、即 1987 年設立後，求治者數量並無明顯成長。經過內部檢討察覺到可能是技術不到位及沒引進新療法所致，於是我在當年即騰出一個半月時間飛去夏威夷，拜師學藝於有東方整形外科聖手著稱的 Dr. Robert Flowers，當做其短期的研究員

（Fellow）。

　　他是美國整形外科醫師在夏威夷開業，因夏威夷東方人甚多，佔有一半左右，所以他專長於東方人的美容整形手術，包括割雙眼皮、隆鼻、隆乳、拉皮、抽脂等等，當時他常在國際性之美容或整形外科醫學會發表論文，手術療效優異，非常出名。

　　我在邁阿密跟 Dr. Thomas Baker 學到的多是西方人的美容整形技術，因該地東方人很少之故，所以學到的技術回台灣後常派不上用場，因而覺得有必要再去向東方整形大師學習。

　　Dr. Flowers 是典型美國人，和善熱情，樂於分享，故學習過程愉快。他的整形外科診所寬敞且裝潢藝術化，因他本身亦是畫家。他的整形求治者非常多，每天川流不息。我去時看到不少台灣及日本影歌星躺在手術台上，才領悟到這些影歌星的所謂出國進修是怎麼一回事。

　　Dr. Flowers 也會在假日邀請我們 Fellow 去他家參觀，並與他及其美麗的太太共餐。據說台北的美容整形林靜芸大師也曾去他那裡進修過。

　　從 Dr. Flowers 處學到不少實用的美容手術技能，我的美容整形治療信心更加增高了。

　　在我高雄長庚任職十年期間，羅慧夫院長與我有過兩件較屬個人性質之軼事，即我罹患肝炎及我結婚之事，茲亦分享如下：

罹患肝炎：

　　1987 年期間，我因常為外傷性顱顏部骨折之病患，施行頭臉部骨折復位及鋼絲內固定手術，有一次手術時，因半夜開急診刀，已開 6、7 個小時太過勞累，不小心手指被尖銳鋼絲刺破流血，因為該病患有 C 型急性肝炎，我也因而術後罹患 C 型肝炎，發燒、疲累、尿液呈現橘黃色等。

曹賜斌從 Dr.Flowers 學到不少實用的美容手術技能。

羅慧夫院長知曉後囑咐我要休假半年，等肝炎痊癒後再上班。但我在休息一個月左右覺得體力已大致恢復，且掛念羅慧夫院長南下高雄時，無人協助其手術及照顧術後住院病患，於是跑回來上班。羅慧夫院長見狀大聲責難我，說我是在尋死路，並要我去林口長庚找肝膽胃腸科主任廖運範院士就醫。我因當時工作非常忙碌無暇北上，在約過了半年左右才找到空檔北上去林口長庚就診於廖院士。

廖運範院士看到我開口就說：你為何這麼久才來？羅院長已來電給我兩次詢問你有否來看診，並要我好好醫治你！這時我才查覺，羅慧夫院長雖然嚴厲對待我，但內心卻很慈祥在關心我的，心裡不禁湧出一股暖流，嚴師也有溫柔的一面啊！

結婚：

1990 年，39 歲的我與 29 歲的太太，經由介紹認識後結為連理，婚禮在鳳山長老教會舉行。羅慧夫院長聞訊後與其夫人 Lucy 專程從台北南下參加我的婚禮，並擔任證婚人，那一幕是我最榮耀的一刻，至今我還記得

羅慧夫院長及夫人 Lucy（第二排右五），與曹賜斌親友及教會牧師，在鳳山長老教會合影。

他的喜悅與溫馨的表情，猶如上帝的化身，永難忘懷。羅慧夫院長是我於公嚴厲、於私慈愛的恩人！

Chapter 3-7.

經濟起飛 帶動美容整形

　　1990 年代台灣經濟快速發展、繁榮，促使美容整形開始在社會上流行，仿間也出現愈來愈多的醫美診所並大打廣告宣傳。許多整形求治者受廣告吸引，或道聽塗說而紛紛前去醫治，失敗毀容或傷身後才知要找正規的整形外科醫師醫治才對，包括收尾修補等而悔不當初，有人甚至因此而婚姻破裂或自殺身亡。我也因而在高雄長庚醫治愈來愈多的此類案例而憂心忡忡。

　　整形求治者缺乏正確的美容整形知識、不知自我分辨訊息真假是其受騙、受害主因，故我開始發心在報紙上撰寫美容整形公益衛教文章，也在外界社團、學校等從事衛教演講。但因一曝十寒，且孤掌難鳴，成效有限。於是於 1993 年，進一步在我擔任理事的中華民國重建整形外科醫學會（現改名為台灣整形外科醫學會）理監事會議中，倡言學會應對外界做美容整形民眾教育，以防杜美容不成變毀容，甚至傷身、喪命之事件一再發生。此獲理事會表決通過，並授權我負責南台灣的美容整形民眾教育工作，學會秘書處則負責北台灣者。

　　我於是召集南台灣各大醫院整形外科主任、主流報紙、學校（具美容相關科系之大專院校）、文教基金會及公益社團等，開始開會籌備及規劃此美容整形公益講座系列活動。由當時高雄及台南地區五大醫學中心（長庚、高醫、榮總、成大、奇美）之整形外科主任及資深主治醫師們擔任演

講人，安排他們輪流擔綱、深入淺出主講各項美容整形項目（如隆乳、隆鼻、雙眼皮、眼袋、拉皮、抽脂等等）之正確知識、手術治療方式、適應症、應注意事項、如何防治併發症等等，演講時間為一小時，之後開放聽眾之問與答。

演講地點選在學校或基金會，每周一場（利用周末），連續辦理三個月共十二場。每次演講後由報紙、學校及基金會予以報導傳揚之。演講活動因是公益性質且是由台灣唯一正統之整形外科醫學會主辦，所以我要求演講者及報紙、學校、基金會等單位皆應無償付出，不能收受金錢，所幸此獲大家同意，因而此公益活動我們醫學會幾乎不需花錢（只花費少許行政、錄影、文件費用），往後亦皆如此。

此項台灣首發之美容整形民眾教育公益活動於 1993 年中旬，開始在南台灣舉辦，平地一聲雷、獲得社會大眾熱列回響，幾乎每場都爆滿，主辦、協辦單位大家都很感欣慰。於是我乘勝追擊，隔年於剛成立的中華民國美容外科醫學會（現改為台灣美容外科醫學會），以首屆理事身份（我亦是此醫學會之發起人之一）在其理監事聯席會議中，亦倡言應接續中華民國重建整形外科醫學會成功主辦美容整形民眾教育公益活動之模式，接手辦理此項有意義之活動，並陳述由美容整形為主業之美容外科醫學會接手主辦，會更具正當性與權威性。此獲理事會同意，亦授權由我負責舉辦之。

台灣美容外科醫學會之美容整形民眾教育公益活動，我採取精益求精模式處理。媒體除原先之主流報紙（四大報予以每年輪流公平報導機會）外，增入廣播電台－南部最夯的者 Kiss Radio，演講場地增入電台播音室，主持人亦增入記者及電台主持人，以求採訪親民性與活潑性。此活動結果大受好評，製造出另一波三個月之公益性美容整形衛教炫風。

雖然連續兩年舉辦三個月的美容整形民眾教育公益講座，加上之前我個人的公益衛教努力，但來醫院看診的不當美容整形醫療受害者人數卻不少反增，持續增加。究其原因可能仍係一曝十寒效應所致，我們一年只做三個月衛教宣導，但坊間密醫或

曹賜斌召集南台灣各大醫院整形外科主任籌辦美容整形公益講座，並於當時的《民生報》發表專文。

醫美院所誇大不實之渲染性行銷，卻是每日及整年不間斷。

另外，多數愛美求治者尋找就醫標的模式，仍是依據傳統的口耳相傳式介紹，而非謹慎自我查看主流媒體的報導，因當時沒有手機及Google。再者，愛美者因隱私性及便利性考量，多會找私人診所求治，而不敢去大醫院公開就診，亦是重要因素。此現象令人洩氣與無奈。

因整容不成變毀容而來找我求救之受害者，她們還天真地希望我不只要幫其恢復原狀，還要能順便、同步達到原先期待的美容佳效。當我跟她們述說「破鏡難重圓」之道理，即便百分之百手術整治成功也才能恢復到原狀，遑論可進一步美化改造之事實，且可能需要後續數次整修才有治癒機會時，得到的卻是她們絕望的眼神與無助的哭泣，哀怨地泣訴毀容後才敢抖膽地找到醫學中心，尋求最後一線的醫療求助，得到的卻是翻轉無望的惡耗。

這一幕的一幕，在我們高雄長庚美容外科中心的診間不斷地發生，且愈來愈多時，我悚然反思，該是自我改變的時候了。

在醫學中心之象牙塔頂端，透過媒體為社會大眾做公益衛教，猶如隔靴搔癢，民眾無感而效果差。因未貼進基層，未能與民眾站在同一線上共同感受之故，即便結合眾多醫學中心之大牌醫師教授，眾人奮力推動亦然。環顧全球，尤其歐美日等先進國家（當時韓國還不在先進國家排行中），其美容整形求治者八成都是在私人診所就醫，只有兩成左右會去醫院，理由是人性化思維導向，因在大醫院就醫會曝露隱私性且診療等待時間浪費大、便利性差，因而求治者皆喜至由大醫院出來執業的資深醫師診所處就醫，因可兼得醫療品質、隱私性與便利性，我在美加兩國進修時就有此深切體會，難怪邁阿密的 Ralph Millard 教授、Thomas Baker 教授及夏威夷的 Robert Flowers 醫師這些我的美容整形老師們，他們都要開設診所來因應並執行美容整形醫療。另外，整形外科醫療由重建整形轉型延伸至美容整形，亦已成為國際趨勢，年輕整形外科醫師主做重建整形醫療，年長整形外科醫師則會轉型延伸至美容整形醫療。

長庚醫院集全國最優之一的整形外科醫師群，搭配台塑企業經營管理之神的優質管理，其設立的南北兩間當時全國唯二之美容外科中心，卻皆長期慘淡經營，且難有改善跡象，即便我後來出國再進修美容整形新科技及苦心運營管理，皆難改變。理由無二，反人性化思維及反國際趨勢操作之故也。

而南台灣八縣市，當時由大醫院整形外科主治醫師以上層級，出去執業開設診所的家數很少，不超過十家，大多數整形求治者就醫的診所多是密醫診所或由非正規軍開設的醫美診所（由內外婦小、家醫科等等醫師跨行、撈過界執業），難怪毀容、傷身或死亡案例會層出不窮。

力求改變 自立開業

在 1995 年，我成功主責第二次大規模南台灣美容整形民眾教育後，整形受害者就醫人數卻仍繼續成長時，我告訴我自己，改變別人無用，該是自我改變的時候：考慮在高雄市開業，貼近基層，以求第一線服務美容整形醫療，提供優質醫療及予機會教育，才能有效降低社會大眾美容整形之毀容傷身或致死等悲劇之發生率。誰入地獄，捨我其誰？

另外，當時我 44 歲，擔任高雄長庚醫院整形外科創科主任已九年，若能在隔年我升 45 歲、高雄長庚整外創科滿十年時交棒求去，對高雄長庚整外的人事更新、個人的職涯再次接受刺激以求活化突破，以及對我研修美容整形第二專長的實務發揮與提升更大服務，皆有助益。於是在與我太太商議獲支持後，開始默默籌劃開業事宜。等診所設置完全、終在一年後於 1996 年 8 月

曹賜斌在 1996 年 8 月宣布在高雄開業。

宣布開業，而我在高雄長庚還持續工作到 7 月 31 日最後一天才離職，以求有始有終。

離開高雄長庚出去開業，對栽培我、託付我重責的恩師羅慧夫院長而言，我自忖沒有虧欠。在這十年中，我不辱他的使命，以他要求我的「No Excuse」精神，拼命開創出與林口長庚相同格局、有四個次分科的台灣唯二，及南台灣數一數二的整形外科王國，包括軟硬體等，也盡到栽培年輕整形外科醫師的教育使命，且能外溢出促成奇美、義大等醫院內整形外科醫局的先後順利設立。而十年是個圓、表示諸事應可重新開始，故我的主動離去應是利人利己之舉吧！

我離開高雄長庚後還特別擔任高雄長庚兼任整形外科主治醫師之工作，每周還回高雄長庚看診，如此長達五年之久。此乃因許多高雄長庚整形重建病患都要跟著去我診所診療，包括數量最龐大的唇顎裂病患，但我診所只鎖定做自費之美容整形，不做健保之重建整形醫療，所以利用兼任機會以使病患能放心留在高雄長庚醫治。

另外也利用兼任五年期間，學習羅慧夫院長當初栽培、傳承我的模式，栽培、傳承及轉移我的唇顎裂、顱顏整形技術與病患，給高雄長庚的年輕整形外科醫師，直到病患不會想去我的診所找我診療為止。

我於 1996 年 8 月離開高雄長庚醫院出去開業後，會利用每周回高雄長庚兼職看診時，將唇顎裂及顱顏病患，在診間一個一個介紹給黃慧芬醫師，由她排定在高雄長庚的手術且由她主刀。並告知病患黃慧芬醫師為我優秀子弟兵且係留美歸國、能力不在我之下等語，如此病患才願逐漸成功轉移給她。隔年（1997 年）賴瑞斌主治醫師由林口長庚南下高雄長庚，才分擔黃慧芬醫師之沈重病患人數壓力，兩人並合作經營唇顎裂及顱顏次專科醫療至今。

其他類整形病患則不管在我診所或在高雄長庚看診的，亦皆予以轉給高雄長庚整形外科其他次專科主治醫師，包括手外科、頭頸部腫瘤、肢體重建、燒燙傷、創傷等等，直至兼職五年後我才全身而退，完全執業。

在我離職出去執業前後，發生兩件與此有關之軼事，且與高雄長庚首屆院長范宏二醫師與第二任院長王清貞醫師有所關連，茲分享如下：

范宏二院長：

1996 年 7 月，當我向范院長稟報我欲離職開業之事時，他拒絕我辭職，並表示有什麼困難他可盡力協助，希我勿離職，因當時我帶領的整形外科「業績」蒸蒸日上，直逼全院第一名的骨科。他並說會向林口長庚羅慧夫院長及陳昱瑞主委求助勸我勿離去，還說開業不好，應續留大醫院較妥。我只好予據實以告說診所已完全興建妥當，只欠東風時，他才勉強放手同意。不料隔年時，范院長竟因故也離職開業去，他診所開幕當天我去向他慶賀時，他竟然笑稱我為其「前輩」，因我有比他早一年開業的年資。世間事，真是世事難料啊！

王清貞院長：

王清貞院長是在 1997 年范院長離職後，由台塑企業王永慶董事長自美國延聘回台擔任高雄長庚的第二任院長，任期有六年之久。王院長與我因緣聚會、理念相同，而於 1997 年聯手創立全國首創的高雄長庚醫師聯誼會（現改名為南台灣長庚醫師聯誼會），由我擔任理事長，他則擔任名譽理事長。因每三個月皆有理監事聯席會及其他事項要研議，故我們常見面。有一次記得是當年年底左右我們開會見面時，王院長笑著跟我說：你是不是將高雄長庚整形外科的病患都挖去你的診所，不然為何你離開後，

高雄長庚整形外科「業績」就直直落，剩下一半左右？我以為他是在開玩笑就笑笑沒正面回應。

不料隔年又聽他對我重複述說此事，我才覺得不對勁，於是正色但恭敬地回覆他說：「院長，我不只沒向高雄長庚挖病患，反而是都將病患從我診所轉介回高雄長庚，不信您去詢問高雄長庚整形外科的所有主治醫師們，即可知實情。至於高雄長庚整形外科業績下落問題，可能是整形外科新任領導人領導統御能力不足，學養說服力不夠，故科內向心力欠缺而失去團隊合作所致。」，從此就再也沒聽到他跟我談及此事了。反倒是我們合作經營的聯誼會「業績」竟蒸蒸日上，日後博得王永慶董事長的青睞。

CHAPTER 4
專業貢獻

Chapter 4-1.

貼近基層 為民服務

　　1996年，我在45歲時離開高雄長庚醫院在高雄市開業的訊息傳出後，造成台灣整形醫界的轟動，台北同仁告知此猶如在台灣南部投下一顆原子彈，震撼全台。因當時我位居南部頂尖的醫學中心整形外科主任長達十年之久、又正值職涯及人生高峰期者，居然會跑去開業、直墜下降成為最基層的診所醫師，且又是自願性、非受迫性質，太不可思議了！

　　1996年8月4日我診所開幕當天，冠蓋雲集，診所人潮爆滿，喜氣洋洋。當時的高雄市長吳敦義夫婦雙雙蒞臨，並剪綵致詞。事後才知這很少見，可能係因吳敦義市長與我皆為南投同鄉，我父親與他亦曾在南投縣政府共事過之故。致詞時吳敦義市長稱讚我為俠骨柔情的俠醫，選擇在高雄市執業為高雄人之福氣等等美言，還送我一個巨大的匾額。

　　林口長庚醫院陳昱瑞前副院長，我的大師兄，後來榮升院長及醫決會

曹賜斌診所開業當天，時任高雄市長的吳敦義伉儷蒞臨，並致詞剪綵。

曹賜斌「大師兄」、現任長庚醫院榮譽主委的陳昱瑞代表總院前來祝賀。

主委，他代表林口長庚總院蒞臨慶賀，致詞時他述說此間整形外科診所應是全台規模最大者，六年內應無人能超越。果然被他神算說中，約六年後才被不少前來觀摩之醫美財團們，模仿診所之創新硬體製造出的醫美診所予以超越。魏福全院士當時擔任林口長庚醫院整形外科科主任，並代表林口長庚醫院整形外科南下慶賀。他笑著對我說你這樣輝煌開業，使他心中糾結著是否應繼續留在醫學中心打拚。這當然是稍帶感慨的玩笑話，否則日後怎麼會有台灣第一位整形外科醫師成為中央研究院院士呢？

高醫林幸道前副校長代表中華民國整形外科醫學會蒞臨慶賀，當時他是此醫學會理事長。他致詞時說到「好將軍會選擇好戰場。曹主任選擇在高雄市執業是明智之舉，也會提升台灣南部美容整形醫療的優質化」，他這句話說中了我的心，選擇在高雄市執業真是我深思熟練後之舉，因我家本在台北市，十年前受命南下開創高雄長庚醫院整形外科，現功成身退離開高雄長庚後，是應要順理成章回到家鄉開業的，但此卻有違我離職開業的初心：貼近南台灣基層、第一線服務，拯救毀容病患，捨我其誰？另外，我回台北執業本質上是錦上添花，在高雄執業則是雪中送炭。因台北人才濟濟，我的師兄、前輩們也多在台北，不差我一人，南台灣則醫療資源較

貧瘠，尤其正規訓練之整形外科專科醫師出來執業者在當時寥寥無幾、南臺灣不到十人，我投入此戰場才會是雪中送炭的正確選擇。此外，在高雄居住十年後已喜歡上高雄人，包括南部整形求治者之熱情好客，爽朗耿直的風格屬性。而「寧為雞頭不為牛後」的執業地點策略考量，則是決定在南台灣首都高雄市創業的最後一根稻草。

診所開幕當天電視台及報紙媒體也聞風前來採訪及廣為報導，使得我這間「不像醫院的醫院」開啟了台灣醫院設施，朝向藝術溫馨化的創新風潮。

摒除蒼白冰冷的傳統醫院形象，營造藝術典雅、寬敞舒適又兼具隱私保護性及設施先進性的新穎醫院規模與格局，使整形求治者能在快樂、希望、先進及安全的感受中，達到他們年輕與美麗的整形需求，是我想要開設此創新診所的主要使命。

於是在開業前一年半左右，我帶著設計師四處去參訪國內外大師級及具規模的整形外科院所，包括美國、日本等地，企求塑造出具有歐洲式古典及帶有後現代風格的診療空間，且以多件著名油畫與

曹賜斌整形外科診所開幕的盛況，媒體大篇幅報導。

雕刻真品佈置，來營造藝術典雅氛圍，以此做為看診的觸媒。使整形求治者一進來診所大廳就能產生美的聯想，而與其美的訴求直接聯結，因而使診所能成就我心中標榜的「美的塑造者（Beauty Maker）」角色功能。中間更換了三個設計師、不斷增修改建，最後才塵埃落定、打造完成。

診所的創新與堅持

引進美國式看診制度是我診所首個先進創新的軟硬體設施，此應是台灣首創。此制度精神為「患者在內，醫者在外」，即每位患者在各個診間內候診，醫者在診間外之大廳處、巡迴入診間看診，此與台灣傳統醫者在一個診間內、所有患者在診間外之看診制度剛好相反。此制度可保護整形求治者最在意之隱私性，且可在候診等待期間靜心觀看診間電腦內之看診需知，並用診間提供的紙筆寫下等一下欲與醫師詢問的所有問題。

另外診所安排每位求治者與醫師看診互動時間為美國標準的 15 － 30 分鐘，如此可達到與醫師間之充分溝通，了無障礙與遺憾。為落實此制度，診間數設定為四間，看診採預約及定時制，人數限定少量（每診少於 15 人），診間大廳座椅少、隔間且寬敞，以利看診順暢執行及保護求治者隱私與尊嚴。

引進「電腦化影像處理問診系統」則是診所第二個先進創新的軟硬體設施，亦應是台灣首創。透過電腦影像畫面處理，整形求治者可預先看到自己整形後的大致模樣，並與術前相片做對比，如此可使求治者安心與放心，以此來保障求治者知之權益，並做到醫者之完善告知義務。此系統可涵蓋大部分整形美容項目，包括隆鼻、拉皮、臉形改造、隆乳、抽脂等等。

創設「美容醫學研究室」是我診所第三個先進創新的軟硬體設施。此

為仿效美國邁阿密我的美容整形外科老師 Professor Thomas Baker 他診所的制度。此研究室內備有各項珍貴的原版國外大師美容整形錄影帶（當時沒有光碟片或隨身碟），及播放用之錄影機與電視，與國際性美容整形學術期刊與教科書等，可使前來診所臨床進修學習的年輕整形外科醫師們，利用診所診療空檔期間，可入內觀看及學習最新及完整的國際美容手術觀念及技術，如同我當初去邁阿密臨床研習般，以此來教導、培育台灣美容整形新血輪，並提供其臨床進修之場所，當時是台灣唯一的美容醫學研究室。

開創「醫學美療中心」（Medical Aesthetic Therapeutic Center）是我診所第四個先進創新，也是台灣獨創的軟硬體設施，主責美容醫療術後之全方位美療照護與服務，以求降低術後傳統要患者自我照顧傷口，可能會失當所造成之手術療效打折扣，或出現併發症之遺憾，並可縮短術後瘀腫尷尬期，使求治者能及早康復、回至其工作崗位上班。此中心是由經過診所訓練認可過、兼具護理師與美容師雙證照的醫學美療師們，提供術後專業傷口處理、美療照顧與服務，包括速癒療法，美療按摩（隆乳、抽脂後）及後續護膚保養等。不只可有效提升美容手術療效、降低術後併發症，更能延長美容整形療效的保固期。

醫學美療中心設立於診所後區，與診所前區之看診、中區之手術等緊密搭配，可達到美容治療及術後併發症預防之完全醫療照護最佳境界。此中心設立借重於嘉南藥理科技大學生活管理學院陳榮秀前院長的鼎力協助，她並推薦其全國首創之化粧品應用及管理科系畢業的高材生數人至診所服務，才能順利創建完成。

為求落實上述創新診所理念的設立，我在診所設立一年多前，暗中決定要離職創業時，即開始在高雄市到處找尋理想的診所落點建築物。

曹賜斌整形外科診所的「醫學美療中心」，在當年是開創台灣整形外科診所的先驅。

　　我心目中的此項理想建築物應具備下述四項特色：（1）新穎辦公大樓、樓層坪數大，以利診所各項設施規劃及單層式動線管理。（2）可自由進出，不需管理員登記，如此才可保護整形求治者隱私權。（3）大樓外可懸掛診所名稱之招牌，以示正派經營。（4）有地下停車場，可使求治者直接經由停車場上達診所，維護其隱私性與便利性。至於建築物位置是否位在鬧區則非屬考慮項目，因我認為花若盛開，蝴蝶自來，我對自己有著充分的自信。

　　要找尋到我心中所屬的建築物不易，因要同時符合此四項目者難找，最後終於在高雄市分隔南北市區的建國一路主幹道上，找到一棟由當時知名的建設公司剛蓋好不到一年的八層樓辦公大樓，符合全部四要項，而該建設公司的總部則位在四樓，室內大氣寬廣，約170坪，窗戶多通暢明亮，符合診所需求。四樓對一般人居家是禁忌，但對診所醫療及身為基督徒的我而言，並無衝突，反而位居樓上可保護求治者之隱私權，較敢開門進入求治。於是我進去找該公司董事長，請求將此公司總部賣給我，他驚佩我的這種主張，及考慮其公司日後將往大陸發展，於是最終以合理價位買下此理想地點，並順利設立及經營診所至今。

整形南霸天

　　診所開幕後，整形求治者蜂擁而至，一開始就異常忙碌，每天門診與開刀幾乎都排滿，同仁與我都累得苦哈哈，但精神上則振奮高昂，因覺得很有成就感。聘用的同仁數由一開始的 4 人，逐漸增多，在數年後最高曾達到 20 人左右，內部組織編制為醫務部、管理部與行銷部等三部門，及一位院長特助。外部則聘任數位顧問協助營運，包括會計師、律師、管理顧問、情緒關懷顧問、媒體公關顧問等，因我尊重專業經理人，專業事皆委託他們處理，以求行事無瑕疵，我才好專心處理看診、開刀等醫療事務。醫師聘任 2 至 4 名，在位最久至今仍在者為副院長李建志醫師，他的資歷是台大醫院外科醫師、台北國泰醫院整形外科總醫師訓練完成，一升上國泰醫院主治醫師後不久就南下高雄跟我學習美容整形手術，繼而留任在診所工作，至今已有 23 年左右，手術技術熟練，人和氣又帥挺，別稱「整形少帥」，故求治者粉絲眾多。

　　我設定的診所工作時間一開始即與眾不同，只周間工作，周末及例假日皆休息。周間只白天之上午及下午工作，晚上皆休息。此與在大醫院工作時間相同，但與一般各科開業診所之下午休息到 4 點、晚上工作到 10 點、假日還工作半天之模式迥異。因我認為整形求治者若對你有信心，是會屈就於你的工作時間，白天請病假來看診的，如同他們去大醫院看病般。夜間及假日開診雖可便利求治者看診，增加診療人數，但會排擠

我與診所同仁的休閒時間，而這時間我可用來做研讀醫學期刊、教科書、準備論文報告等，以持續維持我在高雄長庚工作時之每年出席國內外整形外科醫學會四次，及報告1至2篇論文的學術水平。另外，此時間亦可用於健身維護、家庭生活關照及外界公共事務的關懷，因當時我也身兼台灣整形外科醫學會及台灣美容外科醫學會的雙邊理事、南臺灣整形外科醫師協會會長、高雄市唇顎裂顧顏協會創會長，及亞太顧顏學會創會理事等等身分。我的整形外科啟蒙老師、台大醫院整形外科陳明庭教授，聽聞我的這種「特別」看診時間安排，還出面善意提醒我說，不要遺漏服務公教人員，因而我就增加每周六上午之特別門診，以求公教人員周六上午得以來看診。

診所同仁們因只上白天正常班，有充分時間休息及照顧其家庭或去交友，且診所還設立教育及福利等兩個委員會關照他們，薪資也優於同業，故多能接受診所比較嚴謹的管理，及提供高端的醫療服務品質要求，導致她們展現出之整體服務水準不錯，加上手術治療效果滿意，因而求治者口耳相傳，即便診所自始即不做廣告宣傳，求治者仍願白天請假來看診，故診療人數爭爭日上，名聲傳揚，與當時從馬偕醫院離職、在台北執業的林靜芸大師幾乎齊名，整形醫界遂仿效當時政界之「南長北扁」（南部謝長廷，北部陳水扁）稱謂，稱呼我們兩人為「南曹北林」。我的師兄，林口長庚醫院整形外科楊瑞永教授還笑稱此項稱呼頗具美譽、貼切。其實我認為應改為「北林南曹」才符實，因林大師比我資深、優秀，執業也比我早數年之故。另外，在南台灣，我也博得「整形南霸天」的美名。

診所在開幕營運數年後，求治者數量就增大到可觀之數，此時我就想到可善加運用此大數據資源來做為臨床教學之用。因美容整形醫學最難教育傳承的就是臨床案例不夠多。美容整形求治者因隱私性及便利性之人性

化考量，八成都選擇在私人診所就醫，此現象全球皆然。因大醫院美容整形案例只佔兩成，量少且種類不夠多，故在大醫院的年輕整形外科主治醫師甚或中型醫院的整形外科主任們，很難獲得足夠的臨床學習經驗，導致出現美容整形學藝難以精進之窘境。

凡事禮失而求諸野，所以這些醫師們都想私下到開業的整形外科診所去實地學習以補強。然台灣私人開業整形診所良莠不齊，當時能夠擁有量多又治療種類廣泛，且有臨床實力及意願教學者，卻遍尋不著。

開業撇步 毫不私藏

於是我本著回饋我的恩師羅慧夫院長當初對我無私傾囊相授的上帝博愛精神，及提攜後進的理念與學術傳承的使命，對外宣佈歡迎所有在大醫院服務的整形外科主治醫師級以上、且整形外科專科醫師、年資滿三年以上者，可免費申請來我診所實地學習美容整形臨床技能，包括看診與開刀。

消息傳出後，全國各地醫師湧進，因台灣沒有一家診所會這麼笨與傻勁，願將自己營運謀生技能與武林密訣，商界稱商業秘密，醫界稱開業撇步，無償公開傳授給同行競爭者，且膽子夠大不怕實力不夠會自曝其短，也不怕會有養老鼠啃布袋的後遺症。

前來進修研習的主治醫師與主任們，我一視同仁，公平分配他們臨床學習成長的機會。在看診時，我讓他們每人先看初診，之後整形求治者再轉來隔壁診間給我看複診，他（她）也一起跟過來，看及學習我如何與求治者交談、應對、診斷、決定何種治療處置、如何處理術後併發症等等，如此可使其實務體驗到我與他（她）看診處理的異同，因而能快速學習成

長。

開刀訓練方法為：

先安排他們進開刀房觀看我開刀，包括各種美容手術。但只看刀往往無法使技術完全轉移到他們手上，所以會進一步安排給他們開刀的機會。方式為：在他（她）觀看我手術過的某項手術（如隆鼻）兩次後，會安排給他（她）看診（初診）此項手術案例，之後再安排由他（她）來主刀手術，我則在旁邊當他的助手及輔佐。開刀中，若重要手術步驟其無法順利或正確執行時，我會即時默默換位、取而代之執刀，以維護優質手術品質。若求治者不願意由他（她）主刀，診所會予以打折優惠來誘導其接受，此優惠價錢由診所吸收，並告知求治者他（她）是大醫院整形外科資深主治醫師或主任，不是實習醫師，且曹院長會與其共同做手術，請求治者放心。這招通常會有效，所以他們成功獲得開刀訓練的機率滿高的。

由於申請前來進修訓練者人數眾多，我就沿習我在加拿大及美國當整形外科臨床研究員時之模式，每梯次進修訓練只限最多三人，進修時間設定一至三個月，如此才能維護他們進修學習的品質。

有不少資深開業整形外科醫師私下勸我不要做此損己利人的傻事，少賺錢、耗費時間精力、又有要幫其「瑕疵品」收尾的風險。我則一以笑之，繼續執行。其實，我也有私心，即是透過此教學方式可賺到教學相長，因他們在訓練過程中詢問我問題，或提出他們認知的醫治方法時，可刺激我、使我改良或研發出更佳診療方法或模式，使我腦中創意能延續不斷。另外，我的所有治療秘訣完全公開、掏光、被看光後，會使我有危機意識，不敢自滿，因年輕醫師身強力壯，學習能力強，假以時日可能會超越我，甚至取而代之或看不起我。所以會逼我自己要不斷研發新治療或新創意，這樣才能繼續走在醫療前端，且繼續引領他們，不會被取代，如此我就會

獲得不老、活力與快樂，這就是許多人驚訝我為何看起來都不會老的秘訣。

　　這套台灣首創的診所美容整形臨床技能訓練制度，連續在我的診所實施數年，有數十位全國各大醫院之醫師獲益，他們後續多有升官或出去開業當院長，我的子弟兵也因而散佈全台各地，也間接幫我達到我出來開業的使命：維護「美容整形、安全第一」，避免整容不成變毀容，甚至傷身、喪命的整形悲劇在台灣一再發生。

　　期間有南部某些醫學中心及大醫院與我診所簽立建教合作方案，如此他們就可名正言順指派其醫院的整形外科主治醫師或主任，到我診所來臨床學習，他們回去後對其醫院整形外科的美容醫療，也應有盡到某種程度的貢獻吧！

大力改革 開創新格局

　　我開業後對外第一個創設的組織為：「南台灣整形外科醫師聯誼會」。

　　聯誼會初期會員主為嘉義以南之南部八縣市開業整形外科專科醫師，一兩年後再廣納在各大醫院服務的整形外科主治醫師層級以上之醫師們加入。

　　我是於 1986 年 8 月在高雄市開業，開業後第二個月就邀集上述南部八縣市的所有開業整形外科專科醫師（當時只有 6 位）、都是自己開設診所的院長們集會，研議成立此聯誼會，告知他們我現在已出來開業，與他們同在一起，是伙伴關係，希能大家能成立聯誼會，合作共事，團結互惠，我會樂意教導大家。並述說大家都是各大醫院訓練出來的整形外科主治醫師或主任，數量稀少，是社會敬重及珍貴的菁英醫師，大家應要自愛，團結對外，外面廣大的醫美診所及密醫才是我們要打擊的對象，而非我們內部彼此內鬥與消耗，要拳頭向外翻而非向內彎，如此才能擴大營運領域，以優質美容醫療服務社會大眾，並壓抑以誇大不實宣傳為生的雜牌醫美診所及密醫，以維護社會大眾整形安全為己任。此倡議獲得大家認同，於是開始籌組設立。

　　因當時南部八縣市正規軍的開業整形外科醫師只有寥寥六位，而非正規的醫美雜牌軍及密醫診所卻有上百家之多，寡不敵眾。且這六家整形外科診所，竟還常因互爭整形求治者而彼此明爭暗鬥，甚至欲大動干戈。在

我出來開業之前、在高雄長庚醫院當整形外科主任時，他們還求援我出面做公親後，才止息互鬥與干戈。

他們推舉我擔任聯誼會召集人，我則在他們當中挑選一位醫師擔任秘書職務，從而開始密集開會、規劃籌設。我以對內同業自律、教育成長，對外正派執業、衛教及維護大眾整形安全的大方向，著手製定聯誼會公約，包括：（1）每月定期召開學術及執業實務研討會。（2）在報紙合撰美容整形衛教專欄，提供大眾正確整形資訊及諮詢管道。（3）製訂公平、合理的美容醫療收費標準，並予公開，以保障整形求治者權益。（4）請大家工作時間一致化，回歸至與大醫院相同的白天班，不要夜間及例假日皆辛苦上班。

第1項每月定期召開學術及執業實務研討會，及第2項在報紙合撰美容整形衛教專欄，提供大眾正確整形資訊及諮詢管道。皆獲大家同意而遵行，除了每月固定在聯誼會會址的本人診所開會外，我們有時還會輪流去各個會員診所開會並做診所參觀，會後還會聚餐聯誼，故大家都樂融融，互相切磋互有成長。

第2項的整形衛教專欄聯合撰寫事項也進行順利，我出面去邀請台灣新聞報總編老友來共襄盛舉，他欣然答應，敲定以公益性質在該報開設美容整形衛教專欄，取名為「美的創造」，每周刊登一次，由聯誼會會員醫師輪流撰寫，開頭由我執筆第一篇，之後大家公平分配刊登順序及撰寫之醫療項目，如此順利運作達半年以上。該報何姓總編還欽佩我們同業竟然能合作共事，無償為公益付出，社會少見。

第3項製訂公平、合理的美容醫療收費標準，並予公開，以保障整形求治者權益。本來大家互有顧忌，不想公開自己的收費價，經我曉以大義謂公開才能核算出聯誼會的平均收費實價，以此對外公佈，使社會大眾知

曹賜斌召集同道在報紙開闢名為〈美的創造〉的美容整形衛教專欄。

曉南台灣開業整形外科正規軍的收費行情，此行情擇定座落在當時市場行情價的中間部位，如此可與非正規軍及密醫的高低不一收費價做出區隔，且公佈公訂價格才能童叟無欺，整形求治者才會選擇我們做治療，因而可穩固及擴大市場，並有效維護整形安全。我還率先公開我的所有治療收費價，他們才心結打開依續公開，因而完成台灣第一個自費美容整形正規軍的收費價。

　　為求防止因單一價位定價而違犯公平交易法，我們的價位並非設定為固定價，而是有上下各1至2成的升或降之自由選擇空間，且說明此係標準參考價，並無強制性規定。因定價制度考慮還算周全，且有錨定效應，故制定後執行無障礙，南台灣美容整形亂象及傷害遂逐漸降低。

　　因有此佳效且經得起時間考驗，於是在聯誼會成立後第三年我將此收費標準辦法，在我擔任理事的台灣美容外科醫學會理監事聯席會議中提出

討論，希成為全國性之制度，以嘉惠整形美容醫界及全國人民。此案經理事會決議後獲得通過，並採用我提議的辦法推行，此創新之美容醫療收費標準參考價制度因而通行全國，直至今天。期間有數次因應台灣物價指數波動而予以調整價位，但大體架構仍不變。

因台灣美容外科醫學會為全國正統、權威之美容整形學術機構，故此收費標準之後也被各地政府衛生機構參考引用，因而成為全國自費美容醫療收費的官方管控標竿與依據。

往後數年間我利用出席國際美容整形醫學會並發表論文之際，四處詢問美日歐各國醫學會當局，有否製訂出此項收費標準參考制度，答覆皆沒有，並羨慕我們已有此良善方案。大陸更離譜，他們當局告知我大陸有三個整形醫學會各立山頭，長久以來各行其道無法整合，故統一製訂公訂收費標準，幾乎是不可能之事。

第4項之規定：只白天工作，晚上及例假日休息。則大家反彈四起，謂此為台灣所有各科開業醫師之執業通則，自日據時代起已沿用數十年，若我們逕行實施恐會造成求治者反感，認為我們大牌拿翹，因而不會來求治。並笑說曹主任你在象牙塔頂端待太久，已不懂民情及不接地氣了。

我則以下述數項理由回應，請其改變觀念，與我步調一致，並與國際接軌：

（1）歐美等先進國家的整形開業診所，現皆只白天工作，晚上及例假日皆休息，急診則轉給大型醫院處理。即便日本開業醫師現也皆是如此，已與日據時代不一樣了。

（2）整形求治者若對我們有信心，應會屈就於我們，白天上班期間請假來求治，如同他們去大醫院看病般，且若我們南部八縣市之所有開業整形外科診所聯手做法一致，他們就會改變夜間或假日看診習慣來屈就我

們的。

（3）夜間及例假日開診雖然可便利求治者看診，增加一些診療人數與收入，但會排擠我們珍貴的時間，而它可用來健身鍛練身體，豐富社交生活，關照家庭和諧，或研讀醫學期刊、準備論文發表，以維持學術成長及獲得醫療技能跟上時代與提升等等，其綜合效比起只增加一些診療收入，應是會賺得更多及更豐盛的。

（4）我們在大醫院當主治醫師或主任時都是上白天班，為何出來開業、自己當老闆後，卻要任意隨俗地改為辛勞的日夜及假日班？

（5）員工只上白天班會較穩定，較不易輕率離職。

即便上述如此回應，他們還是不從，於是我就說，那我先做給你們看，他們則幸災樂禍地說要看好戲，認定我會失敗，並屈從他們。

他們沒料到我依此上班時間開業工作快一年後，來我診所的整形求治者不但沒減少，反而日漸增加，業務興隆，員工人數也增多，他們才反過頭來認清實況並與我同步調，逐漸調整為白天班工作。至此南部八縣市整合成功，大家都樂活起來。

此風氣很快口耳相傳擴展至台灣北部與中部，數年後全國正規整形外科開業診所，多已改採用此白天班工作模式，因而開創出台灣開業整形外科診所迥異於別科的工作時間新局，並與國際接軌。

1996 年 10 月，即我開業 2 個月後，南台灣整形外科醫師聯誼會在高雄市正式宣布成立，並召開記者會公告，媒體競相報導，我們也意氣風發地展開執業共榮之創新革局。

Chapter 4-4

重拾協會任務 不遺餘力

聯誼會成立後運作順利，我不吝教導傳承，大家技能與業務都獲成長。第二年起在各大醫院服務的整形外科主治醫師級以上者也有多人加入，我們也歡迎醫療廠商以贊助會員名義加入，使得聯誼會會員人數逐漸擴增至三、四十人之多。

在聯誼會成立第三年，即 1999 年，經由大家同意，我們將聯誼會名稱更改為「南台灣整形外科醫師協會」，以求正式化，並廣納更多在大醫院服務之醫師加入，我被推舉為會長。

我們舉辦許多與美容整形執業相關之活動，其中最為人津津樂道的是在會員診所門口，設立警察巡邏箱及簽到簿，加強巡邏，以保護診所醫護人員的生命安全。

此乃因受到當時轟動全國的台北市方保芳醫師及診所全部人員，被要求變臉之歹徒於術後殺害事件之衝擊。我們行文及面陳高雄市警察局長，要求比照銀行之警察巡邏方式，亦應在各會員之整形診所設置巡邏箱及簽到簿，以保護比銀行金錢更為重要的人命。此訴求獲至同意因而全面執行，警察白天每兩小時皆來診所巡邏及簽到，時間長達一、兩年之久。

聯誼會及協會成立期間，台北亦有類似之聯誼會設立，但其僅是開業整形外科醫師每月聚餐聯誼性質，沒有實質的學術研討與執業實務性協助，也無大醫院服務醫師之參與，所以我們設立的具有實質性運作功能的

曹賜斌召集並推動「南台灣美容整形學術研討月會」。

這個組織，說是全國首創，應不為過吧！

召集人或會長一年一任，我獲連任 4 次，之後交棒給後繼者接任，可惜其接棒後卻因不知何故無心經營，聯誼會及協會運作劇然中斷，暫停不動多年。

2011 年之年底左右，即南台灣整形外科醫師協會中斷運作 11 年後，南台灣的幾位整形外科開業醫師聯合來找我，謂能否請我出面召集，重新開辦 11 年前的學術研討月會，因他們覺得這種月會很實用，可使大家一起來互相研討美容整形的學術技能及臨床實務，促進彼此成長，我欣然同意。

於是我挑選其中熱心年輕、幹勁十足的王泰然醫師，與我開始共同籌劃成立細節。經過數個月的籌設，並與其他開業整形外科醫師充分溝通討論後，「南台灣美容整形學術研討月會」（Southern Taiwan Aesthetic Plastic Surgery Monthly Meeting）於 2012 年初在高雄市於焉成立，大家推舉我擔任召集人，我則任命王泰然醫師為研討會之執行長，負責會務執行任務，我診所的秘書則兼任研討會秘書職務。研討會設立宗旨為「做為南台灣整形外科專科醫師之美容整形技能學習實務平台」。

　　南台灣美容整形學術研討會每月開會，會議涵括四項議程：（1）期刊論文研討（Journal Paper Session）、（2）個案研討（Case Conference Session）、（3）Management Session（會務及醫務管理研討）、（4）New Product Session（醫療新產品解說及研討）。會員涵括南台灣所有開業醫師，及部分在各大醫院服務之整形外科主治醫師級以上之醫師。在研討會運作一、二年，人數及會務日漸茁壯後，有些中部的整形外科醫師也來申請加入會員，我們也予歡喜接納。台北的少數醫師慕名前來參加者，我們也予以來賓身分歡迎之。

　　研討會每月會議時間皆選在周六或周日下午，以利大家都能參加，會議時間為四小時左右，會議由我及王泰然執行長負責主持。研討會地點除了我的診所大廳無償提供當做主會場外，我們也會商借各大飯店之會議室來開會並供應茶點，以提升會議品質與舒適度，每季在會議後會安排聚餐聯誼一次。會員要繳交少許的入會費及年會，以做為飯店會議室之商借及聚餐之花費，執行長每年會做財務收支之公開報告。

　　2015 年中旬，在南台灣美容整形學術研討會成立兩年多後，我們會員大家決議將此會議改名為「南台灣美容醫學論壇」（Southern Taiwan Aesthetic Medicine Forum），簡稱「南論」，以求能拓展並吸引美容醫學各專科醫師之參與，壯大及互惠、競合此美醫領域。

　　因著兩年多來的努力，我們研討會之名聲已響亮建立，於是在南台灣美容醫學論壇成立、可給各美容醫學相關專科醫師申請加入之訊息公佈後，皮膚科醫師就首先申請加入，之後耳鼻喉科醫師也後續加入。美容醫療廠商甚至金融理財機構，也紛紛表態，希望在南台灣美容醫學論壇之 New Product Session 議程中，能給他們機會，來解說他們的新產品及新服務。

另外，南台灣美容醫學論壇的開會地點除了我的診所大廳、大飯店會議室外，也逐漸拓展到各大醫學中心的會議室，包括高雄長庚醫院，高雄榮民總醫院，台南成大醫院，甚至到台中的中國醫藥大學醫院等，因為醫學中心的整形外科醫師們也想進修研習美容整形學術技能之故。如此在大醫院主責的整形重建技能，若能加上在開業診所主責的整形美容技能，大醫院醫師完整的整形外科技能，才會修習到位的。南台灣美容醫學論壇及其前身

曹賜斌促成將「南台灣美容整形學術研討月會」改為「南台灣美容醫學論壇」。

的南台灣整形外科醫師協會，除了辦理每月之學術研討會外，也衍生舉辦對社會之公益關懷活動。在我的穿針引線下，南台灣整形外科醫師協會及南台灣美容醫學論壇與我身為創會會長的高雄長庚醫師聯誼會，與高雄市衛生局及法務機關，先後聯合辦理系列性的監獄受刑人或保護管束的紋身青少年雷射除刺青、甚至捐熱血的公益活動，也辦理系列性的多媒體「整形安全」民眾教育活動，以求以美容整形醫師之專業，回饋社會需求。

轉型改革之前哨戰

在南台灣美容醫學論壇（簡稱南論）順利又輝煌地運作一年多後，已群集各路英雄好漢之團結心，大家同仇敵愾、有志一同，希能改變台灣美

容外科醫學會（簡稱美外）長年來的保守、沉悶現況，以伸大志。

因為當時台灣美容外科醫學會雖於22年前由台灣整形外科醫學會（簡稱整外）獨立出來，我亦是發起人之一，專注於全國整形外科醫師的美容整形教研工作，但上層領導的理監事團隊人選多仍與整外者幾乎雷同，換湯不換藥，兩年一次的領導階級選舉，也多只是互換位置而已，大多數領導成員仍由大醫院之高層醫師所佔據，開業醫師人數仍寥寥無幾，無決定主導權。

然近十多年來台灣醫療環境已情勢大變，因台灣施行健保之公醫制度，且政黨因政治考量將全民保險改成全民福利來施政，故健保總額捉襟見肘，給予醫院之金額及醫師到手之酬勞日益縮水，導致各科醫師紛紛跨行轉戰至健保局管不到的自費醫美市場，以求自保及補回薪資所得損失，此使得台灣美容外科醫學會經營及統轄的領域，日愈受到侵蝕而縮小。以自費美容醫療營生的開業醫師會員，其生存權益遂日愈受到嚴重威脅，然領導台灣美容外科醫學會的理監事高層們卻對此無動於衷，因其大多在大醫院從事整形重建之健保給付醫治工作，薪資酬勞不太受影響及無感之故。

另外，美日韓等世界先進國家，其美容外科醫學會皆早已由開業之整形外科醫師所主導，領導的理事長及理監事成員多是開業醫師，以求貼進市場而能隨機應變、抵禦外侵。此美日韓等之美外醫學會可與其國家之整形外科醫學會分庭抗禮，美外由開業醫師主導，整外由大醫院醫師主導，彼此對等及和諧共處，但只有台灣仍紋風不動，令人嘆息。

在 2016 年，台灣全國整形外科醫師離開大醫院、出外開業之人數已超過台灣美容外科醫學會全體醫師人數的半數，改變的時機已近成熟，於是利用 2016 年年底台灣美容外科醫學會兩年一次的第十二屆理監事及理

曹賜斌當選第十二屆台灣美容外科醫學會理事長，同時是轉型為開業醫師主導學會的濫觴。

事長改選之際，由南論起頭、展開北中南串聯，號召各地有志之開業整形外科醫師起來改革，大家集中火力，票選我們遴選的開業醫師代表進入理監事會。

結果如願以償，開業醫師一舉拿下十五席中之十席（三分之二）理事席位，大獲全勝，我則在大家共拱中拿到最高票。繼而在常務理事及理事長選舉中，三席常務理事全由開業醫師所得，最後我以全票獲選為第十二屆的美外醫學會理事長，監事五席中開業醫師拿下四席，常務監事亦由台北之開業醫師獲選，因而開啟了台灣美容外科醫學會成立 22 年後，轉型為由開業醫師主導，以及中興再造的新紀元。

後續兩屆及現今第十五屆之理事長及理監事領導成員，亦皆延續此項開業醫師主導的主軸精神運作。

第十二屆轉型成功之十五席的理事中，南論會員就佔了五席，三席常務理事（包括理事長）中，南論會員佔兩席；而五席監事中，南論會員亦佔三席，因而若說南論是台灣美外中興再造的轉型改革搖籃，亦不為過吧！

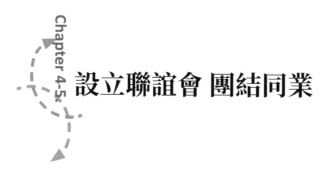

設立聯誼會 團結同業

1996 年我出來開業後，設立的第二個組織為「高雄長庚醫師聯誼會」，於 1996 年年底成立。此組織近幾年改名為「南長庚醫師聯誼會」。

1997 年旅美骨科權威王清貞醫師接受王永慶董事長的邀聘，自美國返回其高雄家鄉，接任高雄長庚醫院第二任院長。王院長接任院長後在某一個外界社交場合遇見我，因彼此理念相近與我暢談甚歡，他於是趁機詢問我一個他就任後很不解的問題，希我能為其解惑。

他問我說：「為什麼從高雄長庚醫院離職在外的醫師，都在罵長庚醫院？」我猛然頓了一下，再回覆他：「院長您是要聽真話或好聽的假話？」他說：「當然要聽真話，這樣我才能全面了解長庚醫院，並利經營管理」。

於是我就正色的回覆他答案：「因為長庚醫院把這些醫師當成賊在看待及防堵，怕他們回來偷長庚醫院的病患及資源」。

王院長一聽立即說道：「這怎麼可以！難怪我發覺長庚醫院不得人心，到處都是敵人」。他又說：「在美國，校友（Alumni）或院友是很受學校或醫院尊重的，因他們可使學校或醫院獲得外界資源，且與外界關係維護良好，並擴大勢力與影響力。所以學校或醫院都會儘量提供資源給他們，以求互惠與增進互動」。

我受到他的熱忱感動，於是向他說：「院長您若真有心要來改善現況，我以第一代高雄長庚醫院元老主任醫師，及開業在外自由的身份，樂意協

助您來促成」，他聽後大喜，就說：「曹賜斌，那我們就這樣說定了，就請你來籌備促成，我全力輔佐你」，我欣見他想改變長庚醫院的真性情與明快授權，及鑑於高雄長庚醫院並無醫學院搭配，無法成立校友會，於是建議他說：「是否我們一開始用院內外醫師聯誼會的性質來建立彼此新關係，比較容易促成？」，他說好。於是高雄長庚醫師聯誼會設立的源起，就於焉在一席話後誕生。

　　我於是展開招兵買馬的籌備工作，首先找到從長庚醫院離職出來在南部開業，或轉去南部別家醫院服務的資深各科醫師，告知王院長的改變善意與聯誼會的設立緣由，所幸獲得他們的正向響應及首肯，並由他們去散播及號召更多的離職醫師加入。

　　我們成立籌備小組，我被推舉為籌備會主委。籌備會小組成員均勻涵括離職院外資深醫師代表，及王院長指派各科系主管所擔任的院內醫師代表，王院長則親自參與每場籌備會，故會議進行順利。

　　高雄長庚醫師聯誼會籌備小組經過三次籌備會議後，定調出下列五項重要原則之決議：

　　（1）名稱先用軟性的聯誼會，以求運作自由、速效，不必受政府機構監督及過問。待運作成熟後必要時再改為剛性的「協會」名稱。

　　（2）聯誼會領導架構採用院外主導，院內協助之法則設置，以求運作效能高。因離職醫師連絡較強及外擴效益較大。故聯誼會理事長將由院外醫師擔任、監事長由院內醫師擔任，高雄長庚醫院院長則擔任名譽理事長，居中輔導。另外，理事九席中，規劃院外醫師佔五席、院內醫師四席；監事三席中則規劃院內醫師佔二席、院外醫師一席，以求權力均衡及和諧共事。

　　（3）聯誼會任務：聯誼橋樑、病患互相轉介、資訊互通、學術交流、

形塑長庚共榮圈等多方位功能。

（4）秘書處設在高雄長庚醫院內，借用長庚副院長辦公室當作秘書處，並由其秘書兼任聯誼會秘書。

（5）聯誼會運作支出，全由高雄長庚醫院支應。

1997年12月下旬，高雄長庚醫師聯誼會在高雄圓山大飯店舉行成立大會，邀請高雄長庚醫院院內外醫師大約五百多人參加，各界貴賓冠蓋雲集，包括高雄縣市政府代表、立法委員、醫師公會理事長、林口長庚醫院院長等等。會中選出九位理事及三位監事，本人則榮任首屆理事長，王清貞院長榮任名譽理事長，此為國內首創的由醫院在職及離職醫師集結成立的大型醫師團體。

聯誼會成立後除了每三個月舉辦理監事聯席會議外，也製訂諸多規章制

曹賜斌攜手時任高雄長庚醫院院長的王清貞成立「高雄長庚醫師聯誼會」，以團結同業、共促發展。

度，包括聯誼會章程，聯誼會會員專用病患轉診單，轉介病患優先優惠照護等等辦法，並推動諸多活動，包括各項演講活動，醫糾、節稅或會員成長座談會，與外界合辦雷射除刺青公益活動，旅遊及餐敘聯誼等等。會務多元，廣受會員好評，會員人數漸增，也締造出醫院、醫師、病患三贏的良好結局。

1998 年王永慶董事長南下巡視高雄長庚醫院時，王清貞院長向其呈報聯誼會成立事件及其優良成果，大受王董事長讚許，因而其回台北後即要求台北長庚醫院比照辦理，來成立北區長庚醫師聯誼會。

林口長庚總院、我的師兄陳昱瑞院長於是指派壢新醫院張煥禎總院長（現聯新國際醫院總院長）擔任籌備會主委，並南下拜訪我，請求我能提供籌備會設立之相關文案資料。我樂觀其成，故將所有的聯誼會創設制度籃圖及文案，全數交給張總院長帶回給林口長庚醫院。因而在 1998 年下旬時，北區長庚醫師聯誼會就跟著順利成立。成立大會時我還專程北上為其祝賀及致詞。

2000 年高雄長庚醫師聯誼會進行第二屆之理監事與理事長改選，我有幸獲選並連任理事長。

在第二屆我們做了進一步之改進事項，包括如下：

（1）總幹事改由高雄市醫師公會常務理事黃義霖醫師接任，希促進與醫師公會更佳之互動關係，並借其強力折衝幹勁，更加旺盛聯誼會的功能。

（2）理監事人數擴增，以容納更多有志之士加入，增強聯誼會規模。理事由九人增為二十一人，監事由三人增為七人，監事長則改為高雄長庚醫院神經外科陳翰容主任接任。

（3）聯誼會餐敘增改為由各科細化舉辦，以求凝聚更強之院內外醫

師內聚力。

（4）更多之公共事務關懷，以擴展聯誼會對外影響力，及鞏固長庚共榮圈團結力。

很不幸，2001 年王清貞院長於任職六年後被更換下台，接任的陳姓院長可能不認同聯誼會之設立理念或其他不明原因，上任後即凍結聯誼會之人事、金援及院內協助性運作，聯誼會因而被迫中止，一停就十多年。

2018 年初，現任高雄長庚醫院王姓院長於一場中國醫藥大學校友會拜會座談會中，認同我的重開聯誼會、以壯大醫院格局及影響力之建言，於是指示醫院進行籌劃工作。

終於在當年四月聯誼會重新開張，改名為「南長庚醫師聯誼會」，由高雄長庚醫院腎臟科權威醫師、委託長庚經營的市立鳳山醫院廖上智院長，擔任聯誼會理事長，我則被聘任為顧問。

聯誼會重新開張之成立大會，又是冠蓋雲集，長庚醫院王董事長、高雄市長陳其邁、高雄市醫師公會理事長、健保局南區負責人、立法委員等等，皆親自出席慶賀，原聯誼會之舊雨新知會員也皆出席捧場，熱鬧滾滾。受邀出席的王清貞前院長及我，則見證聯誼會與長庚共榮圈之歷史。

成立大會貴賓上台致詞時，陳其邁市長（那時是準市長）提到當時他在高雄長庚醫院當實習醫師之甘苦談時，突然手指著坐在台下第一排的我，並說感謝那時我的實習帶領與教導，令我驚訝！此勾起我往日的綿綿回憶，也為聯誼會重新開張之成立大會，添加了趣聞。

CHAPTER 5

公眾服務

「中興再造」現代化改革史

　　台灣美容外科醫學會於 1994 年自台灣整形外科醫學會獨立出來，由 30 位各大醫院資深整形外科醫師及台灣整形外科醫學會理監事們，沿用美日先進國家之整形與美容的分立制度，而發起成立之，我也是發起人之一。

　　此是台灣唯一正統、並專責於美容整形醫學之教學、研究、醫療的醫學會，會員唯一入會資格為台灣整形外科醫學會專科醫師。其需再經歷三年以上臨床美容整形之實務歷練後，才能申請加入，並獲甄審通過，才能成為會員，所以是比台灣整形外科醫學會更為高階的醫學會。

　　台灣整形外科醫學會專科醫師取得的方式為：在醫學中心先經歷三年之各外科綜合訓練後，取得外科專科醫師證書，再經歷三年整形外科專科醫師訓練，之後經由筆試與口試過關，才能取得整形外科專科醫師證書。所以台灣美容外科醫學會之會員證書，是要經由前三年外科、中三年整形外科、後三年美容外科，即共九年的外科專精訓練，才能得著之高階證書。此為台灣最高年階訓練要求的專科醫師訓練醫學會，次高者為六年年階訓練之三個醫學會，包括神經外科、心臟外科及整形外科，其餘醫學會皆為四年至五年之年階訓練。

　　政府設立如此嚴格訓練之要求，目的是要確保社會大眾的整形安全與美麗保障，美日先進國家亦是如此。目前台灣美容外科醫學會會員醫師只

有五百多位，與台灣現有五萬多位醫師人數相比，它應是台灣各醫學會中會員人數最少、但最專精者之一。

台灣美容外科醫學會（簡稱美外）初創時期，核心領導的理事長與理監事，大多是由各醫學中心的資深整形外科醫師擔任（包括我）。兩年一次的理事長與理監事的改選，亦是這些醫師們排排座，輪流擔任之。當時台灣尚無健保制度，只有勞保、公保、農漁保等等，醫院業務興旺、醫師收入盈實，幾乎沒有醫師會冒險跨行轉做醫美營生，故美外無外敵競爭、氛圍祥和。

但自政府隨後設立健保制度，並將國家保險改為社會福利，及逐漸擴大為全民化後，免費醫療獲得全民好評，各執政政黨為求勝選皆不敢違逆，甚至順應民意繼續擴大，健保支出因而逐漸變大，造成稅收難以支應健保支出，政府遂轉為逐年擠壓、降低應給醫院之金額支出，導致醫院為求生存，給付其醫院主治醫師應有的薪資遂予逐年縮水，終而促成這些醫師慣求自保、鋌而走險，跨行轉進健保局管不到的自費醫美醫療，或離職開設醫美診所，以求營生及洩憤。

這些未經正規整形外科訓練的醫美醫師為壯聲勢及打群架自衛，遂彼此集結並立案成立諸多醫美相關醫學會，包括美容手術與非手術性之光電美療與注射整形等，逐漸蠶食美外醫學會之固有醫療領域。除因而造成諸多無知整形受治者美容不成變毀容，甚至傷身、喪命的社會悲劇外，也侵蝕損傷到美外會員醫師權益與生存空間，尤其是美外開業醫師會員，逐漸造成其經營危機。

面對美外此項經營危機，美容外科醫學會領導之理事長及理監事，卻未見有效應變及維權因應，每屆這些領導仍由大醫院醫師們輪流擔任。為何會這樣？此乃因大醫院之整形病患八成為整形重建者，只有兩成左右為

整形美容者，大醫院此兩成的整形美容受治者即便減少一半，美外理監事醫師們之醫療病患人數與收入亦不太受影響，故較無危機意識；但此與診所剛好相反，乃因美容整形受治者因隱私性與便利性考量，八成皆選在診所就醫之故，且此事全球皆是，因人性化考量全球皆相同。且當時美外會員中，在大醫院服務醫師人數仍佔多數，所以開業醫師之經營危機，並未被美外領導階層實質重視。

直至 2016 年，美外 300 多位會員中開業醫師人數已過半數，要求美外改革之呼聲全國四起，改變時機成熟，於是我以前述之「南臺灣美容醫學論壇」組織為基礎及起頭，登高一呼，並以美日先進國家之美外醫學會皆已由其開業醫師主導之訴求，號召北中南各地美外開業醫師之有志之士，共同團結起來，利用當年年底美外第十二屆理監事及理事長改選之際，大家火力集中，以選票來改革學會。

果然眾志成城，開業醫師會員在理事與監事選舉中，皆以三分之二多

曹賜斌偕同第十二屆台灣美容外科醫學會理監事銳意改革。

數席位當選，我則被全票拱選為理事長，從此一舉翻轉美外創立 22 年來皆由大醫院醫師主導的局勢，改由開業醫師主導，因而踏出美外中興再造之起途。

台灣美外成功改由有志改革的開業醫師領導後，我們士氣高昂、眾志成城，期能整軍經武，以求中興再造學會。因而在第一次及後續之理監事會議中，製訂出下述重要之改革政策，且落實沿用至今：

1、每月舉辦學術研討會，每季辦季會，每年辦國際性學術年會，翻轉過去每年皆只辦理三至四次學術研討會之傳統應景模式，以求強化會員美容整形知識技能，得以優良醫療品質與外敵環伺之醫美雜牌軍組成的醫美醫學會競賽，為整形受治者提供美醫正規軍與醫美雜牌軍明顯之差異化區隔，使其知所分辨選擇正規軍美醫醫師施行美容醫療，以此來維護社會大眾美容整形安全與美麗保障；國際性學術年會則邀請多位重量級外國美容整形專家醫師來台演講，使台灣美外技能可與國際接軌，提升國際化水準與國際知名度。

2、沿用國際上學術研討會舉辦模式，學會大部分學術研討會改為需付費才能參加性質，以此來支付演講醫師應得之講師費及交通費，企求其能將壓箱絕學公開，加上以錄影短片或手術演示方式，做實際手術過程演示及報告，以求會員能學到真才實學，並促使彼此能腦力激盪、互相切磋成長。

3、聘任全職專業經理人，而非醫師，擔任學會行政管理副秘書長職，並增加秘書人數至三到四人，以求壯大學會秘書處及其功能。此舉一開始遭到理監事反對，因這是本學會及其他各醫學會從未有過之事。經我曉以大義謂秘書處行政管理作業要尊重專業經理人，才能真正勝任及發揮辦事效能。且打天下易，治天下難，人多及強大專職的秘書群，才能銜接及執

行我們的中興再造大業。後來理事會在我堅持中做出試用行政副秘書長一季後再做真除定奪之決議。

　　果不其然台灣美容外科醫學會新聘任之專職葉姓副秘書長，上任後即表現優異，學會諸事運作轉為興旺，因而一季後，大家皆同意予以正式上任，也奠定了學會中興再造及現今鴻圖大展的根基。2021 年經我倡議後，前更予升任為台灣美容外科醫學會專職行政秘書長，與另一位兼職醫療秘書長共同來輔佐理事長，此制度亦為台灣首創。

　　此開創性作為亦翻轉各醫學會之秘書長皆只由醫師兼任，秘書僅一至二人的陽春格局，不僅成效較不彰，且秘書長皆跟隨理事長一屆兩年更換，造成事務官頻頻更換，因而辦事經驗難以累積、傳承，學會運作老是原地踏步、難以茁壯成長之缺失。

　　4、理監事下面亦創新設置九個功能委員會，以求落實推動執行理監事之會議決議。各委員會設立主委及副主委各一人，由理事長提名，經理事會同意後任命。各委員會下設置三至五位委員。除學會理監事或會員申報外，亦可聘任外界專家學者擔任之，例如律師、會計師等等。委員會得獨立開會研討執行策略與檢討成效，再於理監事會議中報告。

　　此功能委員會可有效協助秘書處及秘書長之執行效能，並提供解決問題的 Know－How 與方法。

　　九個功能委員會包括如下：（1）公共事務委員會、（2）學術委員會、（3）國際化委員會、（4）法務醫糾委員會、（5）執業醫師關懷委員會、（6）美容醫學教育委員會、（7）會務拓展委員會、（8）倫理紀律委員會及（9）財源拓展委員會。

　　5、美外辦公室由台北市南遷至高雄市，以求位居高雄市的理事長及秘書長，能就近與即時關照、督導，提升辦公室之秘書群辦事效能。此為

本學會及各醫學會史無前例之舉，因傳統上醫學會辦公室都會設在中央政府所在地都市，即台北，但沿用此傳統就會造成學會秘書處之秘書們孤軍、孤單作戰，無法與理事長及秘書長同在共事，致無法發揮強力運作及快速決策功能。

我開創的南遷制度果然發揮積極功能，每周一下午的秘書處周會，我、秘書長、副秘書長、兩至三位秘書皆聚集開會、研議、討論學會中興再造後，百廢待舉之大大小小諸多事務，也製訂出林林總總的學會規章制度，為學會打下制度化之穩固根基。

台灣美容外科醫學會秘書處周會都在每週一下午四點開始，每次幾乎都要開到七點半左右才會結束，之後大家就各自回家吃飯，不動用學會經費。如此運作，兩年如一日。初期此舉逼得秘書處秘書們哀哀叫苦，甚至要遞辭呈，包括副秘書長，經我曉以大義安慰、打氣、訂定績效獎金制度、適時自掏腰包辦餐敘慰勞，以及後來看到每月舉辦學術研討會時，學員醫師們之踴躍出席盛況回饋，才使她們覺得付出有成就感，因而心甘情願地將吃苦當吃補般看待。學會秘書處強大辦事效能現已轟動各界，吸引別的醫學會前來取經，及請求代訓其秘書，此應是秘書們最感榮耀之事吧！

上述這些革新政策對學會之對外與對內服務功能，貢獻卓著，學會的中興再造也因而順利展開，及向前大步邁進。另外值得一提的是，我們這些熱血沸騰、起義成功、企求學會改革及中興再造的理監事全體成員，在第十二屆第一次理監事會議中，集體宣佈放棄理監事三個月一次之開會車馬費、會議後不聚餐（當時皆已近晚間八點，開了四個多小時會議，個個精疲力竭）及餐食自理等，以求節省學會拮据之經費，全力用在中興再造運作上，鬥志高昂及大義「自瘦」之精神，令人感動！

2017年2月，台灣美容外科醫學會舉辦於2016年11月中興再造成功後

之第一次學術研討會，主題為「雙眼皮手術的祕技」（Upper Blepharoplasty Symposium），地點在台大醫學院。

此次會議雖規定須支付為數不少的報名費（美外史上第一次），且限美外及整外專科醫師才能參加，但全場座無虛席且討論聲不斷，幾乎每人都坐到全天會議傍晚結束時才離席，high 到最高點。美外經此一役首勝後，士氣大振，且造成轟動。

第二役之美醫正規軍集訓因而乘勝追擊，於一個月後接續在高雄的榮民總醫院展開，主題為「曲線的祕密－抽脂」（Liposuction Instructional Course）。感謝會員們用心相挺，繼續支付報名費，及南北奔波參與呼應，會

台灣美容外科醫學會在高雄榮總主辦「曲線的祕密——抽脂」研討會，報名者眾、成果豐碩。

議集訓仍然爆滿及博得滿堂彩。接著我們繼續每月舉辦不同主題的集訓式學術研討會，並邀請臥虎藏龍的美外大咖醫師們來主講，包括中央研究院的第一位外科醫師院士－魏福全教授。他在我們 2017 年 7 月份於林口長庚醫院舉辦的拉皮手術（Face Lift）教育研討會中，首次將他的拉皮手術臨床經驗，無私地送給美外醫學會。

如此前所未有的每月密集舉辦學術教育研討會，雖然籌辦得很辛苦，秘書處累得人仰馬翻，周日休假又得犧牲，但看到會員醫師們知識滿行囊、歡呼收割的喜悅表情後，一切都變得值得。

韓國終與台灣簽立 MOU

30 多前，韓國整形外科專科醫師總計有 100 多人以上，皆私下陸續前來台灣拜師進修整形重建手術。

在習得台灣整形外科專科醫師，尤其是長庚醫院整形外科專科醫師的技術精髓後，返回韓國研發改良，將之應用在整形美容手術上，造就他們稱傲世界的美容整形大國。加上韓國民風開放，以整形為榮，且政府主動介入協助，允許醫療行銷，結合韓劇流行，企圖以美容醫療觀光，賺取國家巨大經濟利益，因而形塑出整形強國風貌。反觀台灣政府，做法卻剛好相反！台灣政府不僅不協助，還嚴格取締行銷及打壓，使台灣整形強大實力全被掩蓋吞沒，導致台灣大眾甚至大陸人民，皆誤以為韓國第一，而以哈韓風及赴韓國整形為榮。

所幸韓國人並沒有忘本，代表韓國官方之韓國美容外科醫學會

曹賜斌理事長代表台灣美容外科醫學會與韓國美容外科醫學會簽訂合作備忘錄（MOU）。

（KSAPS），於 2016 年年底，即我們勝選中興再造後一個月左右，主動來函給與其對等的我們學會（台灣美容外科醫學會，TSAPS），請求能與我們簽訂兩國醫學會互惠合作的協議書備忘錄（MOU），我代表學會回函表態同意，且樂觀以對。

經過數個月彼此磋商與籌劃，於 2017 年 4 月初，利用其國際學術年會舉辦及邀請我們參與的機會，我率學會重要幹部及會員共 30 多人，赴首爾於其學術年會中，與其學會理事長及代表多人，簽訂歷史性之 MOU，台灣駐韓代表亦蒞臨並致詞，見證此歷史性時刻。

返國後，我們於 4 月中旬，在高雄舉辦國際合作 MOU 簽約返國記者會。時任衛福部醫事司石崇良司長（現為健保署長）還專程南下道賀及致詞，稱讚此為台灣醫療外交之歷史新頁，及本學會之國際化成就。

此項台韓兩國美容外科醫學會 MOU 之簽訂，是還台灣公道之遲來正義，但為時未晚。使兩國從過去之師徒關係，到現今轉為平起平坐，並化暗為明，且將過去私下及非官方之前來進修，轉為公開與官方之形式，此有助於兩國美容整形醫學界之未來發展。

盼望台灣政府有關部門，包括衛福部、外交部、文化部、僑委會等等，能善用此契機，宣揚台灣整形軟實力，還我整形大國之光榮與清白，且促使外國人或華僑之整形受治者能來台就醫，推動美容醫療觀光，振興台灣經濟。

接續六國 分別簽訂歷史性 MOU

2018 年 5 月 26 日於廈門國際會展中心，在兩岸醫界與政界矚目下，台灣美容外科醫學會由我代表，與大陸官方海協會轄下之醫療單位－海峽

曹賜斌理事長代表台灣美容外科醫學會與海峽兩岸醫藥衛生交流協會會長王立基簽訂合作備忘錄（MOU）。

兩岸醫藥衛生交流協會（海醫會）王立基會長，簽立歷史性的美容整形醫學平等互惠協議備忘錄（MOU）。

此為台灣美容外科醫學會因國際一流醫療實力，在 2017 年與韓國簽定歷史性 MOU 後，繼而轉向大陸之推展。於 2018 年 3 月，與大陸整形外科界實力最強之指標性醫院－上海交通大學醫學院附設第九人民醫院，與其整形外科李青峰主任簽立 MOU。

如今進一步與大陸官方之海醫會，並以台灣名義簽訂 MOU，在兩岸美容整形醫療史上，鋪上首次攜手合作的歷史性道路。難能可貴的是，前衛生署楊志良署長也專程到場致詞祝賀，共同見證歷史性的一刻。

當本學會與韓國簽訂 MOU 成功後，乘勝追擊去函日本美容外科醫學會，希與其簽署 MOU 時，日本理事長卻回函謂他本人樂觀其成，但理事會成員們有異議，怕會因此得罪大陸，故希我們用奧會模式，即不要用台灣名義，改用 Chinese Taipei，則就可簽訂。

曹賜斌理事長代表台灣美容外科醫學會與上海交通大學醫學院附設第九人民醫院整形外科主任李青峰（左三）簽訂合作備忘錄（MOU）。

　　我去函回覆學會改名須經三分之二會員同意才合法，改名工程困難，且中興再造、意氣風發之理事會成員們幾乎不可能受辱同意此事。後續雖透過台灣駐日協會協助磋商，亦難改變日本心意。最後我使出殺手鐗，將本學會以台灣名義與大陸海醫會簽立的 MOU 文案，傳去給他們參閱。不出三天，日本理事長即回函同意簽署。學術角力還是要靠政治力介入之謀略，才能成事啊！

　　新加坡與日本同出一轍，亦怕得罪大陸，遲遲不願點頭，即便其理事長與理事會成員們，多數都曾來台灣長庚醫院拜師學藝過，在其政治考量下溫情訴求亦無用處。同樣地，當我又使出與日本同樣的殺手鐗後，其亦立即變調同意了。他們邀請我們出席在其學術年會發表論文之際，在會中

簽訂首次之歷史MOU。簽約儀式隆重舉行，雙方各派6－7位代表出席，我與其理事長簽約完後，互抱同歡，友誼不變。我也邀請他們於我們學會年底之學術年會時，來台再簽一次MOU，以示平等互惠。

　　泰國、越南、香港、外蒙古等國之美容整形學會理事長，則是在得知我們與中國及韓日皆簽屬MOU後，不約而同地來函請求能與我們簽訂MOU，且都是其國家之首舉，我則皆回覆答應，並邀請他們於我們學會年底之國際學術年會時，率團來台參加並同步簽屬MOU，並告知日後將於其學會之學術年會時，我們再去回簽之，以示互惠往來。

台灣美容外科醫學會，由理事長曹賜斌（坐第一排中間者）代表，與日本、新加坡、越南、香港、泰國、外蒙古等六國美容外科醫學會理事長們，共同在高雄市，簽署歷史性之MOU協議書。

Chapter 5-2.

推動醫療觀光 振興經濟

2007 年左右，時任行政院南部聯合服務中心首屆執行長、也是我於 2005 至 2007 年在國立中山大學研讀 EMBA 的同班同學尤宏前立委，首次與我提起「推動醫療觀光、振興經濟」的議題。

他過去擔任立法委員時曾醉心於推動台灣溫泉觀光，是台灣此項主題觀光的倡導者，也成功吸引眾多日韓客人到台灣享用溫泉兼全台觀光。他告訴我說你是南部整形外科領航醫師之一，而溫泉屬養生、預防醫學屬項，我們可聯手來倡導比養生更為進階的整形醫療觀光，以振興南台灣經濟，從而對南部縣市做出貢獻。我聽後拍手叫好。

恰好同時期，由高雄應用科技大學借調擔任高雄市政府建設局（現改名為經發局）局長的蔡武德教授，於某次由建設局主辦的振興高雄經濟建設公開研討會中，邀請專家學者與會，我有幸是其中之一。當時我以書面建言可推動醫療觀光以振興經濟，獲得他的高度興趣，甚至會後數天專程到我診所與我面談詳情，誠意令我感動。

於是我串連他們兩人，提出兩行政機構可聯合推動大高雄區之醫療觀光，且輔導成立公辦民營之協會，專責協助其執行工作。並建議召開此項共識會議，此皆獲得他們的首肯，並共推我擔任召集人。

2008 年 1 月，設成立大高雄美容醫療觀光協會之共識會議在高雄市召開，我以召集人身分邀請行政院南部聯合服務中心尤宏執行長，及高雄

市政府建設局蔡武德局長與其幕僚蒞臨指導，並廣邀與醫療觀光相關之各界代表出席與會，包括美容醫療業界、觀光業界、學術界、社會賢達等。討論議題涵蓋協會成立之共識建立，官方角色與協會之關係，發起人名單推薦，協會章程草案內容等等。

共識會議成功舉辦，並決議同意成立高雄市醫學美療觀光推展協會，由政府協助並做協會之後盾，且推舉我擔任召集人，來展開後續之籌備會議。

第一次籌備會議於 2008 年 3 月在行政院南部聯合服務中心舉行，會中定調醫界與觀光界代表分頭進行邀請加入工作。醫界由我負責邀集，含括高雄地區各大醫院與診所之整形外科、皮膚科、牙科等醫師代表。觀光界及學術界則由政府出面邀集與觀光相關的各公協會理事長、重要理監事及學界專家加入，包括高雄市觀光協會、旅行公會、旅館公會、餐飲公會、商圈總會、各大學觀光相關科系教授等等。

第二次籌備會議於 2008 年 5 月在夢時代購物中心舉行，各項籌備事務皆進展順利，於是協會成立大會就如期在 2008 年 6 月 9 日，於眾人矚

曹賜斌以召集人身分推動「高雄市醫學美療觀光推展協會」，成立大會當天，時任高雄市長陳菊（中）和行政院南部聯合服務中心副執行長田清益（右二）聯合主持。

目中在高雄市政府盛大舉行。

　　當天成立大會由高雄市陳菊市長與行政院南部聯合服務中心田清益副執行長（尤宏執行長天公出不在高雄）聯合主持，交通部觀光局專門委員，高雄市觀光協會理事長，衛生局、建設局代表及各界嘉賓皆出席與會，人數多達50餘人，盛況空前。由上述官產學界領導及籌備會代表包括我，共同按鈕啟動協會成立儀式，場面歡聲雷動、熱鬧滾滾。

　　成立大會儀式後隨即舉辦理監事選舉，我被推選為第一屆理事長，醫界及觀光界領導分別選任十五席理事及五席監事，常務監事則由連立堅市議員選任。協會成立一周左右即召開第一次理監事會議，順利議定出協會之組織章程。再一周左右，即參與陳菊市長帶領之參訪團赴大陸北京進行旅展，及上海之觀光行銷說明會，以求吸引大陸客來高雄做醫療觀光。

　　隔月，協會成立各項功能委員會，以求集思廣義並提升行事效能，包括開發功能委員會、行程規劃委員會、行銷公關委員會及法務紀律委員會等，各委員會設立主委、執行長各一人，及委員數人。另外，也製訂出協會精美簡介，及醫療觀光美麗之旅示範旅程，以求加速推動醫療觀光。

　　2008年11月，我們成功促成首次美容醫療觀光團至高雄，進行一周左右之高雄醫療及全國觀光之旅，轟動全國，也樹立台灣美容醫療觀光之里程坤。由大陸30多位各省之醫療領導們（北從黑龍江、南至廣東）組成之醫療觀光團，由北京直飛高雄。當時正值大陸與台灣民進黨執政之兩岸政治氣氛緊張之際，此無政治意涵之中性醫療觀光，由北京突破政治禁忌、直飛民進黨大本營高雄，媒體競相大幅報導，形容為破冰之旅。

　　我們將此30多位醫療求治者，依其欲治療科系意願，可能平均分配給高雄各大小醫療院所，進行醫治，之後透過旅行社安排至台灣各地觀光旅遊，暢遊寶島台灣。一周後返回高雄原醫治院所複診，確定療效順利及

傷口癒合無礙後，才亮麗快樂搭機返回大陸。行政院南部聯合服務中心執行長及高雄市長，都高興接見他們，並與其合開記者會，賓主盡歡。

前述提到協會成立半年後，運作逐漸成熟，也成功舉辦首次大陸團至台灣進行美容醫療觀光之創舉，立下佳績。經考察世界上推行醫療觀光成功之國家，包括韓國、新加坡、泰國、馬來西亞、印度、墨西哥等等，發覺他們都是在政府機關內由某部門來主責推動（如衛生部或觀光部），而非如我們般是由民間協會主責、政府背後協助的。

因醫療觀光並非一般性觀光，它是具有醫療傷害之主題性觀光，一但出現因醫療導致之身體傷害，須有後續醫治及法律理賠等配套措施，才屬完善。若醫療觀光客戶來自國外，則應由政府主責處理，才具背書公信力，此類外國觀光客才敢前來台灣進行美容醫療及觀光。

協會於 2009 年底，據此召開常務理監事會以匯聚共識，會中決議應督促地方及中央政府，在政府機構內「籌設主管機關推動醫療觀光」，協會則以民間身份從旁協助。

2010 年起，協會開發帖文及拜會高雄市政府、中央政府，包括副總統等，請求其籌設主管機關推動醫療觀光。拜會過程遭受不少阻力，主要因為醫療觀光為橫跨醫療與觀光兩職務事項，政府一向分成兩個部門分責管理，無單一部門統管，故拜會此兩部門主管時，都會遭到其互踢皮球回應，不管是地方衛生局、觀光局，或中央衛福部或交通部觀光局皆是。繼而拜會其高層，包括市長及行政院長時，亦遭到打太極拳般回應，謂因無前例，須進一步綜體研議，或會交代跨部會整合機構（地方之經發會，中央之國發會）處理等等。

另外，中央政府認為政府早已製訂醫療服務國際化旗艦計畫，專案輔導國內各大型醫院執行國際醫療工作，應已符需求。但台灣經濟研究院於

2009 年 10 月之社論〈拔尖台灣〉一文中指出，台灣各大型醫院 2008 年度計算，在台外籍人士的醫療服務量僅占整體醫療服務量不到 1%，最受歡迎的產品也不是國家主推的五大重症國際醫療項目，而是以健康檢查、美容整形等低侵入性的醫療服務項目為主。

　　台灣五大醫療強項（顱顏整形、換心、換肝、不孕症、換膝蓋）之國際醫療，因皆屬住院性重症醫療，無法推動觀光。而美容整形、健康檢查等屬非住院性之輕症醫療，治療後即可趴趴走，且一周左右後須回診拆線複檢、確認療效後才會安心離去，故這一周期間即可予以安排觀光、旅遊散心，並助其殺時間，因而此種輕症型醫療才可推動觀光。

　　在上述拜會困境及國際醫療執行成效不佳考量下，我們轉而求助於立法委員及市議員，希其以民意代表監督力量督促政府，除了要籌設主管機關推動醫療觀光外，並希將政府推動之國際醫療現況，轉型為醫療觀光，才能振興經濟。

　　我們在立法院分別找藍綠立委們召開過兩次公聽會，研討上述兩事項。公聽會邀集政府各相關部門與會，包括衛福部、交通部觀光局、外交部、經濟部、僑委會等等，但各部門仍是本位主義，互相推諉，公聽會決議淪為口惠而無實惠。

　　在高雄市，我們也找到理念相同的藍綠市議員們，在市議會舉辦共識會及市議會總質詢時問政，要求高雄市政府能率先其他各縣市，推動醫療觀光。此外，我也在媒體報刊上撰文，呈現己見，希以輿論呼籲政府，勇於推動醫療觀光。

　　幸賴最認同本協會理念、也是符合其問政政見的高雄市林岱樺立委相挺，多年來鍥而不捨地與我們並肩作戰，在立法院、衛福部、高雄市等處，都留下我們奮戰的足跡與決議文檔。

　　皇天不負苦心人，終在 2019 年 1 月，於衛福部本部，由薛瑞元常務次長（現晉升為部長）主持、林岱樺立委監督的會議中，確定美容醫療觀光正式啟動，由衛福部主責，並在國際醫療推動小組外，另外專責成立同等級的醫療觀光推動小組。

　　2020 年我們協會理監事改選，由原常務監事連立堅律師（前市議員）接任理事長，我則以創會會長身分輔佐之，協會也更改正名為「高雄市美容醫療觀光推展協會」。2021 年，我們協會專程拜會高雄市長陳其邁，並為其做簡報解說醫療觀光推動之重要性，經其允諾會予以推動。

　　因醫療具傷害可能性，故醫療觀光推動前，應先推行醫療院所國家品質認證之配套措施，如此對外國客戶才具備國家背書保障性，而敢來就醫。所以衛福部就委託醫策會分別於 2013 年啟動卓越機構美容醫學品質認證活動，主推大型醫院之國際醫療。及於 2019 年啟動診所美容醫學品質認證活動，主推小型院所之醫療觀光。

　　本診所皆率先響應，報名申請，分別皆於第一梯次即獲得認證過關之證書頒贈，以求能登高一呼，鼓舞眾醫療院所同行。希在疫情解封後，認證活動可持續執行，認證過關之醫療院所數量將會達到百家以上（現約只 50 家左右），屆時全台遍地開花，即是可大力啟動美容醫療觀光、振興台灣經濟之時。

PS：醫療觀光？觀光醫療？

醫療觀光：指先醫療再觀光，此符合客戶需要，故易推。

觀光醫療：指先觀光再醫療，此不符人性期盼，故難推。

Medical Tourism，翻譯成中文為醫療觀光。故稱呼宜正名為「醫療觀光」

國際醫學會事務

主要有下列三項：

1、受邀擔任國際醫學會期刊論文編審委員

2、受邀擔任國際醫學會管理職務

3、論文獲刊登於國際醫學會期刊

1、受邀擔任國際醫學會期刊論文編審委員：

（1）國際美容外科醫學會學術期刊：

2018 年 12 月，我收到國際美容外科醫學會（ISAPS）學術期刊 APS（Aesthetic Plastic Surgery）主編 Bahman Guyuron 教授（美國醫師）的 E-mail 來函，邀請我擔任四年任期的該期刊編審委員（Editorial Board Member），任期自 2019 年 1 月起。

我受寵若驚，在慶幸與恩謝中，第二天即回函接受任職。ISAPS 是全球最大、最正統的美容整形外科醫學會，任何國家的美容外科醫學會都是它轄下的會員，包括美國、日本、韓國、台灣等等。它的學術期刊 APS 是全球美容整形醫學期刊中排名第二高位者。此期刊之編審委員當時多由歐美國家之著名整形外科醫師擔任，亞洲國家醫師擔任者很少，日本、韓國、中國、台灣等國家，平均每國皆只有一到三位醫師能受邀上任。

它是無給職，純學術與公益性質。我答應接受之主因為：國際學術榮

譽、可提升台灣國際知名度、本人可擠身國際化及國際最新論文可先睹為快等。

　　去函表態接受後，期刊就頒發編審委員證書給我，並詢問我的美容整形醫療強項以利論文邀審，我告知為眼皮整形、隆乳、脂肪注射、抽脂、拉皮、疤痕等項目。之後告知我委員之工作規則，大致為每月至少要審查一篇論文，並應於兩周期限內完成審查作業及交出編審評論意見文等等。

　　隨即自 2019 年 1 月中旬起，此期刊主編即開始傳送

國際美容外科醫學會學術期刊主編 Bahman Guyuron 教授函邀曹賜斌擔任期刊編審委員。

相關論文給我審查，一篇論文安排之審查委員一般為三到五人。一開始我因作業不熟悉，且誠惶誠恐，故常拖到快達兩周期限才交件，心理壓力甚大。編審意見中除要註明該作者論文內容何處應做修改、以臻完善外，並要評此論文是要予以退件（Reject）、大修改（Major revision）或小修改（Minor revision）等。

　　審查委員交件後，主編若沒予決定退件處理，則會於數周後再回傳該作者依每位審查委員要求修改之修改版論文，給審查委員包括我再審查，審查時限一樣是兩周。如此之論文審查與修改作業，一般會進行兩到三次

才會結案，時間則大約會花費三到六個月。

　　每個月主編都會邀請我審查一篇新論文，即便上篇論文尚未結案亦是，如此周而復始，到 2022 年年底，我已審過 40 多篇許多國家作者的論文，內容則涵蓋上述我醫療項目的各個強項等。

　　在 2022 年起我的論文編審能力已駕輕就熟，常在收到及回覆接受邀請後就會即刻處理，大約三小時內即可結案交出，做到今日事今日畢之地步，如此就不會有積壓、拖延論文審查的心理壓力。

　　我論文審查原則為盡可能不予退件，因國際著名期刊論文撰寫及投稿之門檻困難度高，只要該論文內容主軸具創意、臨床療效佳、真確、實用、不浮誇，就會予以鼓勵、扶持及協助修繕，而非任意予以無情拒絕。故四年來我只有審評退件過三篇有嚴重缺失之論文，而這些論文最後果真皆遭到主編予以退件的命運。

　　我除編審此期刊之投稿論文外，在 2020 年自己也投稿一篇論文於此期刊，經過兩次之內容要求修改後，最後幸運地被接受且刊登。經此法測試，證明此期刊品質把關之公正性及嚴謹性，即便對自己人也是公事公辦、沒有任何放水妥協性，難怪具有國際高度公信力，也因而我對此期刊更加信服與佩服。

　　（2）美國美容外科醫學會學術期刊：

　　美國美容外科醫學會（ASAPS）學術期刊 ASJ（Aesthetic Surgery Journal），是全球美容整形醫學期刊排名第一位者，最具權威性。

　　2018 年下旬，我收到該期刊主編 Foad Nahai 教授的 E-mail 來函，邀請我擔任該期刊之論文審查委員（Peer Reviewer），這是我所嚮往者，因該主編是全球美容整形醫界公認之領導者，故高興地立馬予以回函接受之。

　　此期刊之論文審查委員與上述全球排名第二之 APS 一樣，皆是榮譽性質及無給職，工作內容亦雷同，故在論文審查上並無大差異性。

　　ASJ 論文較重學理性、基礎研究性；APS 則較重臨床應用性，故審查 ASJ 論文時要花費較多心思，邏輯辨證性及學術底蘊要更強及完整，才能勝任愉快，否則會很吃力及無力感，所以在審查此論文時也使我學術功力增強不少，真是教學相長。ASJ 主編邀請我審查論文的頻率就不如 APS 高，一年大約只有三至四篇，所以壓力就不會太大。

　　我在 ASJ 也投稿過兩篇論文，皆是屬白疤之創新性治療論文，時間分別在 2019 年及 2021 年。此兩篇論文皆遭到三到四次之修改要求，最後終於皆幸運獲接受而被刊登。此亦證明該期刊的公正性與嚴謹性，以及品質一絲不苟的權威性。

2、受邀擔任國際醫學會管理職：

　　2020 年，台灣美容外科醫學會由理事長提名，經理事會決議，聘任我接替退休的翁昭仁醫師，擔任學會轄下的東方美容外科醫學會（OSAPS）台灣國家代表（National Secretary）一職至今，代表學會與台灣，出席 OSAPS 之各項會議。

　　東方美容外科醫學會（Oriental Society of Aesthetic Plastic Surgery，簡稱 OSAPS）是亞洲最正統的美容整形外科醫學會，它結合遠東及東南亞國家之美容外科醫學會而設立，專研東方人之美容整形醫學，下轄國家包括日本、韓國、台灣、中國與所有東南亞國家等。

　　於 1988 年由日本權威醫師 Dr. Siechi Ohmori 登高一呼在日本設立，許多東方國家之資深整形外科醫師皆是此醫學會之發起人，我也是其中之一。

OSAPS 核心領導人為秘書長，初期由日本醫師 Ohmori 擔任，他在就任後第二年不幸過世，轉由他的兒子 Dr. Ketaro Ohmori 接任秘書長，十多年前改由菲律賓的 Dr. Florencio Lucero 接任至今。

秘書長下為各國的國家代表，彼此組成領導團隊。此醫學會每兩年舉辦一次大型國際學術雙年會，分別由不同國家接辦。接辦時由該國的國家代表及其國家之美容外科醫學會負責主辦，而學會秘書長督導之。

去年 2022 年 2 月，此學會以視訊會議方式，補辦應於 2021 年就應辦理的雙年會，我代表台灣出席籌備會議，並安排五位台灣代表與會演講，這是所有會員國中演講人數最多者（韓國為四位）。我則擔任其中一場會議之座長、主持會議。

2023 年將於 6 月初在馬來西亞 Penang 市，由馬來西亞的國家代表與其國家之美容外科醫學會，主辦新冠肺炎解封後首次的 OSAPS 實體學術雙年會。我將安排台灣組成龐大醫療團與會，預計將派出包括我，有五位台灣醫師代表與會演講，我也預計演講兩篇論文。

3、論文獲刊登於國際醫學會期刊：

投稿論文並獲刊登於國際著名醫學會之學術期刊，是學術成就終極目標之一，比在國際醫學會獲邀發表口頭論文，更具高度困難性及榮耀性。

我於 1982 年起擔任整形外科醫師至今 41 年，已在國內整形外科醫學會發表過整形外科相關論文 106 篇、國際整形外科醫學會發表過 65 篇；擔任國內整形外科醫學會議座長（醫學會議主持人）112 次、國際整形外科醫學會議座長 35 次。

論文獲刊登於國內整形外科期刊六篇、國際整形外科期刊四篇；第一作者四篇、第二作者六篇。我的第一作者兼通信作者（Corresponding author）論文，刊登於國際醫學會期刊者共計四篇，其內容如下：

（1）2019 年 1 月 10 日：Microdermal Grafting For Color Regeneration of White Scars（白疤顏色再生術），刊登於 ASJ（美國美容外科醫學會（ASAPS）學術期刊），此為美容整形醫學界全球期刊排名第一者。

（2）2020 年 9 月 7 日：Silicone Breast Implant Injector：A Retooled Breast Augmentation Device（義乳袋植入器：創新的隆乳儀器），刊登於 APS（國際美容外科醫學會（ISAPS）學術期刊），此為美容整形醫學界全球期刊排名第二者。

（3）2021 年 7 月 31 日：Progressive in Microdermal Grafting for Color Regeneration of White Scars（白疤顏色再生術進階版），刊登於 ASJ 期刊。

（4）2022 年 8 月 19 日：Purse-string suture combined with subcision and dermal graft for the treatment of wide depressed scars and boxcars（深凹疤平化術），刊登於 JCD（Journal of Cosmetic Dermatology）期刊，此為皮膚美容醫學界全球期刊排名第二者。

2024 年初已在撰寫第五篇論文，是有關眼皮整形手術之創新麻醉法，預計在年中投稿於另一著名國際整形外科醫學會期刊。

國內公眾事務

1、高雄市政府市政顧問

　　2002 年謝長廷律師當選為高雄市長後，即聘任我為高雄市政府之市政顧問，無給職，任期四年。主要原因為理念相同及選舉輔選有功。當時我擔任高雄長庚醫師聯誼會理事長，我經由高雄長庚醫院王清貞院長同意後，邀請他在高雄長庚醫院之全院性晨會中演講，講述其施政理念及對高雄發展之願景期許，並對「醫師的社會關懷」議題發抒建言。他甚為高興，如期赴約，並侃侃而談，獲得全院人員的熱烈掌聲。後來我也在高雄市之四師聯誼會（醫師、律師、會計師與建築師）中，以行動支持謝律師之競選事宜。可能是因為這些理由，所以他才會在當選後聘任我當其市政顧問吧！

　　謝市長會邀請所有市政顧問每三個月到市府一次，進行

2002 年謝長廷當選高雄市長，聘任曹賜斌醫師擔任市政顧問。

午餐便當會報。開會時會由市府各局處首長對市政顧問們做市政工作簡報，並請市政顧問提問及建言。建言若須市府人員後續研議，則允諾會在兩周內由各相關局處負責人員，予以書面性回覆。我每次皆有提案建言，事後並真的皆有獲得市府的詳細書面回覆，證明是玩真的。

　　依我看來，此市政顧問是具實質顧問屬性，並非酬庸性質，也可感受到謝市長對市政治理之勤奮用心，令人敬佩。

2、基督教長老教會長老

　　我在高雄文山基督長老教會擔任過兩屆長老職務，分別為 2003 年及 2015 年，每屆任期皆為四年。

　　擔任長老之職務為：星期天主日崇拜之司會，出席或主持長老會議（小會），聘任牧師及規範牧師待遇，協助牧師管轄教會、傳福音、引人歸主等等。屬榮耀上帝之無給職工作。每個教會一般會有三至五位長老。

　　1986 年因著林口長庚總院羅慧夫院

曹賜斌擔任過兩屆基督教會長老，始終以榮神益人為己志。

長之身教感召，使我在加拿大多倫多市進修時悟道、並受洗成為基督徒。進修後回台即加入教會，初期在高雄之基督教浸信會服侍，後來受到高雄文山基督長老教會創會之王宗雄牧師感召及力邀，故轉入文山特區之文山長老教會至今。

文山教會在 1986 年創會時是租屋而設，會務逐漸興旺，但教會空間不大致發展受限，故有志教友們包括我，遂與牧師發心，要募款籌蓋自屬教堂。但籌建新教堂須數千萬元、資金龐大，我們花了 20 多年左右，並在不斷禱告及貴人相助下、逐漸地募資及購地、蓋堂，終在 2008 年左右，於原教會附近之處建堂完成。教堂樓高五層，精緻教堂屬性，樓上可供聘任牧師家庭安心居住。現該處又因文山特區之繁榮而成為高級精華地區，希以此吸引更多人前來教堂，接受福音而受洗，生命更新有盼望，榮神益人，並歸榮耀於上帝。

3、衛福部美容醫學品質委員會專家委員暨醫策會美容醫學品質認證委員

行政院衛福部於 2019 年聘任我擔任美容醫學品質委員會之專家委員，另外衛福部所下轄之醫策會（醫院評暨醫療品質策進會）亦分別於 2014 年與 2019 年，聘任我擔任卓越醫療機構與診所之美容醫學品質認證委員。此兩項委員之任務有其共通性，即皆是在提升台灣美容醫學品質，包括醫院設施與醫療能力，以維護國人美容整形安全，並進而能推動國際美容醫療觀光，振興國家經濟。

另外，我於 2008 年推動成立公辦民營之高雄市美容醫療觀光推展協會，擔任創會理事長，以及於 2016 年擔任台灣美容外科醫學會理事長任期中，將動美容醫療觀光設定為學會之政策，此兩者之目的皆是要以台灣

優質之美容醫療品質，吸引外國整形求治者來台灣就醫，進而順道旅遊台灣勝景，來振興台灣經濟，福國利民。

醫療機構美容醫學品質認證工作是推動台灣美容醫療觀光之前期作業，以求能建構出具國家背書保證、有美容醫療品質保障之醫院及診所。當認證家數達到足夠數量後，推動美容醫療觀光就無後顧之憂。

期盼新冠肺炎疫情解封後，此認證作業能大力進行，則台灣美容醫療觀光之落實，將會指日可待。

4、高雄市醫師公會國際醫療事務委員及醫療糾紛調解委員

2019 年我受聘為高雄市醫師公會之國際醫療事務委員會委員，及醫療糾紛調解委員會委員，聘期皆三年。國際醫療事務含括外國及大陸地區之醫療團體，與公會間之互動、交流事宜。此由公會理事長擔任主委，聘任公會幹部及高雄市醫界專家學者數人，包括我，擔任委員而成立此委員會。

我任內參加過數次會議，研討過日本、東南及大陸醫療團體來高雄拜會、考察、研習美容整形醫療之議題，以及我方如何接待、安排行程之作業事宜。也有討論公會出訪外國及大陸考察之籌備事宜。醫療糾紛調解方面，委員之角色為接受公會指派，至高雄市衛生局，出席病患與醫療院所間之醫療糾紛調解工作。

衛生局之醫療糾紛調解工作現經中央修法後，已具備半司法仲裁效力，且將過去病患可逕行至法院或檢察署申告之醫療爭議案件，強制性挪至衛生局先進行調解工作，調解不成後才可正式進入司法申告程序，以此減少及減輕目前醫療糾紛日益增加後之龐大司法機構訴訟作業壓力，及縮短醫護糾紛訴訟結案時間，嘉惠原告與被告兩造及司法機構。

　　調解工作由高雄市醫師公會指派之相關醫師專家，及高雄市律師公會指派之律師專家各一人，由高雄市衛生局安排此兩人在其衛生局調解室共同主持調解工作。調解過程由律師主導，醫師協助方式進行，衛生局亦會有一人在旁協助行政事宜。每次安排解之案例大約為兩到三個，每個案例調解時間為一至兩個小時，故每次調解工作花費時間為三至五個小時，即半天左右，衛生局會分別給予調解委員數千元之每次出席調解費用。

　　我受公會指派出席調解之案例皆為整形美容醫糾案例，醫療院所含括醫學中心、中型醫院及診所等。出席調解之原告多為病患本人及其親朋或律師，被告則多為醫療院所代表及律師，少數則加上治療醫師。

　　調解流程一般會先請醫病雙方分別陳述基本訴求後，我與律師再依下述之調解分工法則行事，即律師以法理角度查看兩造有否違法與侵權之處，我則以醫理角度查看醫方有否醫療疏失，包括治療、溝通、告知解說與行政管理流程，及病方有否誤解、自以為是、誤告、過度訴求等等。當依此法則查驗出醫病雙方皆有某些瑕疵事項時，再依此事項要求雙方各退一或兩步來化解爭議。

　　此時雙方多會因理氣不足而不再堅持原本訴求，則就願做些退讓而達成調解成功。若某一方或雙方仍堅持不做退讓，則我們有時會請一方先出去，之後再請另一方進來輪換，予以分別告知其訴訟後最終可能會面對之結局，並分析利弊得失及曉以大義。若經此法調解後仍未能達到合解，則就會請雙方進來，由律師栽示調解不成功，請雙方在律師即時書寫的調解狀上簽字而收案。

　　我經手調解過的案件，調解成功的機率可達到快五成，比醫師公會年度統計所有之醫糾案件，調解成功機率平均只有二到三成，顯然是成效較高，故此項工作付出值得欣慰。成效較高歸其原因可能係我會以公正中立

角色與實際經驗，告知雙方彼此之攻防缺失與盲點，使其化解自以為是之堅持。另外，我的資深醫學經歷與公益社會形象，也有可能博得雙方之信賴吧！

5、國立中山大學校務發展推動委員

2021年8月，我獲聘為國立中山大學之校務發展推動委員，任期兩年。會受獲聘之可能理由有三：一為對其後醫系醫學院獲准設立之協助有功、二為我是其EMBA畢業校友，熟悉校務、三為曾捐款贊助中山大學各項推展事務。

國立中山大學於2021年起向教育部申請設立學士後醫學系及醫學院，真是篳路藍縷、一波三折。大學設立醫學院可提國際競爭力及學術影響力，且醫學系又是入學競爭最激烈的熱門科系，故每所大學都想要設立醫

時任中山大學校長、現任教育部長的鄭英耀（左）頒發曹賜斌醫師校務發展推動委員證書。

學院。連同中山大學，共有清華、中興及元智等另外三所公私立大學，亦同步申請之。

興論及醫師公會則群起反對，謂此舉為變相開設製造醫學生之後門，將使台灣醫師過多，造成醫師人力控管失衡，嚴重影響人民醫療及醫師權益。

我則認同政府開放設立學士後醫學系之理念與宏觀，尤其希望中山大學母校能夠設立，於是在自由時報及蘋果日報等大報投書論述「持平而論」之讚同見解，力排眾議。其論述要點扼要概括如下：

（1）全國醫師人力並非過多，而是集中踴擠在都會區，偏鄉、山地及離島則不足，長期造成醫師人力不均之醫療照顧缺失困境至今。公費後醫系畢業之醫師則可彌補及解決此缺失與困境。

（2）醫療要身心醫治，才能完全康復，而後醫系才有可能納入已受過人文、藝術、心理等醫心專長教育之學士後大學生，予以進一步之醫師養成教育，這是目前台灣高中畢業後即直接進入醫師養成教育之制度所無法比擬，且是較為高級，並符合現況歐美大多數國家的主流醫學教育訓練制度的。

（3）納入接受過理工專長訓練之學士後大學生，才有可能培育出醫師科學家與工程師，將科技與醫學結合並開拓出醫療新研發領域，包括研發醫療診斷新儀器、遠距診查、治療新儀器、資通訊協助診療速度與精準度等等，此對台灣成為生物科技島的國家政策與願景，才有達成機會，而這也是目前高中畢業後即銜接醫學系之現況制度，所達不到之境界。

（4）中山大學是高雄市各大學之龍頭，且校內早已設立眾多與醫學系相關連之生醫科系及研究所。而高雄市從來沒有國立醫學院，只有兩家私立醫學院，相較於台北市已有三家國立醫學院、四家私立醫學院，允許

高雄增設國立醫學院，應可平衡南北失衡的國家醫療政策。

　　醫師公會發覺我的大報投書文後就在該報紙上對我投書論戰，謂為「不平而論」，我則立即再投書對戰，一一反駁及梳理其似是而非之論調，謂為「持平再論」，並呼籲其勿反對過激，以免患有邏輯上窄視及圖利本位之嫌。自此對方可能就因理氣不足而不再投書，因而一定程度地阻擋住社會輿論之反對浪聲。另外我向中山大學鄭英耀校長建言，可拜會高雄市長陳其邁，透過其向中央反應高雄地方需求，藉由政治協商，應可增加獲准設立之力道。

　　而陳市長過去於醫學生時期曾在高雄長庚醫院實習過，我那時擔任高雄長庚醫院整形外科創科主任，有帶過他實習，他一向尊稱我為老師，故自忖應可帶路使校長能順利拜會陳市長。鄭校長聞訊而喜，即安排辦理，於是不久後我們即順利同行至市政府拜會陳市長。陳市長當場高興允諾，謂將會立即與中央府院高層洽商促成，並主動提出會積極處理醫學院將來在仁武地區建造時，周邊公共設施之協助建設事宜。

　　經由中山大學鄭校長及蔡秀芬副校長兩位領導鍥而不捨地努力申辦，及上述之方式助力，其學士後醫學系及醫學院，終於在教育部會同衛福部之兩輪審核中，於 2022 年初獲准設立，清華及中興大學也同步獲准設立。

　　2022 年 6 月中山大學後醫系順利招生成功，並於 2022 年 9 月邀請賴清德副總統來中山大學，主持後醫系揭牌典禮，我受邀出席，見證此歷史時刻並合影留念。

6、台灣美容醫學產業全國聯合會副理事長

　　2021 年 11 月，我獲聘為台灣美容醫學產業全國聯合會之首屆副理事長，任期三年。台灣美容醫學產業全國聯合會（簡稱美醫全聯會）是由蔡

豐州醫師與我，於 2020 年起即開始共同籌劃而欲設立之全國性新型組織團體。

當時蔡醫師是台灣美容外科醫學會理事長，他接我棒擔任此理事長，且我們都是長庚體系之整形外科同門師兄弟，彼此理念雷同，皆希望能以台灣美容外科醫學會為核心，號召台灣所有美容整形相關醫學會及醫療院所，集結共事，互相切磋研習、增進美容整形知識與技能，提升全國人民美容醫療照護品質，並扮演公會角色，提供會員諸多服務與維權保護。另外能結合與美容醫療相關之醫療器材、藥廠、護膚化妝、抗老保健等等公司，進而外擴至醫療觀光相關觀光產業，形塑出醫療產業化。使醫療本業不但只狹義性地照護人民身心健康，產業化後可使台灣最優質之人才行醫時，能外溢出邊際效應與產業化規模之公眾影響力，更能廣義性地對國家經濟與發展，甚至外交拓展等公共事務，做出更大貢獻，福國利民。

2021 年 11 月，美醫全聯會在台北隆重成立，衛福部醫事司劉越萍司長親臨現場慶賀與致詞，代表政府對台灣第一個率先成立的醫療產業，予以公開肯定與支持。蔡醫師與我則分別擔任本會之理事長及副理事長。

美醫全聯會之組織架構是以學術機構、醫療院所、醫師代表、企業廠商代表等法人，以不同比例人數，分別擔任全聯會之理監事，團結共同議事，以求發揮最大群體力量與資源，服務會員及拓展全聯會鴻圖願景。

美醫全聯會具有下列三項特色：

（1）將傳統之醫學會只專注於學術研究、教學與醫療服務，拓展為公會化，以服務會員之業務需求，並排解營運困境。

（2）將台灣美容醫學各團體整合化，以求壯大規模與社會影響力，共好共榮。

（3）將醫學產業化，使醫療人才能為國家社會做出更多、更大貢獻，

醫人醫國，福國利民。

2022 年 4 月，美醫全聯會台北舉辦成立後之第一次學術大會，為期兩天。第一天開場重頭戲為美容醫療產官學共識論壇，官方、立委、美容醫學各學會、產業界等皆派代表出席。此論壇由我主導，議論出開創美容醫學產業化及振興台灣經濟之共識。

開幕典禮時舉辦產官學共同誓師儀式，宣誓「產官學合力開創台灣美容醫療觀光，啟動美容醫學產業元年」。兩天學術大會中，美容醫療產業界也展開多場產業論壇，此由蔡理事長主導。另外之多場國際化論壇，則由蔡醫師與我及其他資深會員共同負責主持。

大陸以「上海－台北論壇」視訊模式加入此學術大會，由我負責規劃，彼此推派對等代表醫師與會，針對臉部年輕化議題展開研討與對話，最後由大陸策劃人與我做出收尾結論。

2022 年 7 月，美醫全聯會移師高雄，舉辦首次南部論壇，由我擔任召集人，與全聯會秘書長共同籌辦及主持。南部論壇創新吸睛，線上及現場出席人數超過百人，座無虛席。南部衛生主管機關、立委、市議員、各美容醫學機構、醫療人員（整形外科、眼科、耳鼻喉科、牙科、皮膚科）、企業廠商紛紛出席致詞、發表論文及互相研討，熱鬧滾滾。

醫療觀光座談會是論壇另一亮點，由最投入推動美容醫療觀光之「教母」林岱樺立委與我聯合主持，邀請僑委會代表、華僑海外商會代表、跨國醫療集團總裁、本會蔡理事長出席與談，最後議論出結論：醫療觀光由高雄先試行，逐步推展到全國，並塑造高雄成為台灣美醫及醫療觀光之都。

南部論壇啟動具備三重意義：

（1）平衡南北生態。

（2）契合政府大南方政策。

（3）拓展本會南部版圖。

南部論壇籌劃精神沿用美國最大美容醫學會議 VCS（Vegas Cosmetic Surgery）之成功經營模式，以求塑造出台灣版之 VCS，故議程含括四大項目：「美容醫學跨領域研討」、「南部論壇會務」、「產業開發平台」與「產業新訊發表」等。

CHAPTER 6
從心所欲

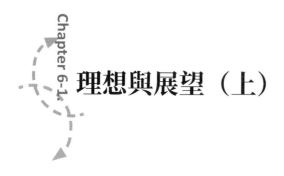

理想與展望（上）

含括下列六項：

1、持續闡揚社會企業，回饋社會

2、持續推動台灣美容醫療觀光，落實理念

3、推動白疤關懷與醫治國際化

4、持續舉辦抗老旅遊

5、著書立說，暢談理念

6、傳揚福音，引人歸主

1、持續闡揚社會企業，回饋社會

社會企業，英文名為 Social Enterprise（SE），意指以企業營運手段，賺錢盈餘做公益，協助解決社會問題。此企業非指慈善團體或非營利組織（NPO），而是指有賺錢之組織，包括公司或醫療院所等等。慈善團體或非營利組織，財源多靠外界捐款或政府輔助，此財源往往難以持久或金額偏小，因而難以長期經營，最終淪為理想化與無奈而式微或告終。

企業或醫療院所則財源多靠營運模式而得，可自我賺取獲利、無須仰靠外界或政府，故可長期經營及具備穩定營收。依此盈餘來做公益、協助解決社會問題，才會經營長久，不致式微。

我已屆從心所欲之年，診所成立也達 20 多年，什麼時候會退休收場，

盈餘做公益，以推動社會企業，是曹賜斌開業的初衷之一。

是許多人急欲詢問、打探的要題。我的答案是持續營運下去，直到體衰無法工作為止，Never Retired，此出乎許多人的意料之外。所堅持之理由下：

（1）繼續營運下去，才有不間斷的營收及盈餘來做公益，包括我過去的諸多公眾服務項目，及未來可能新增的關懷對象。

（2）工作才能常保健康與活力，有持續盈收才能心安、穩定，及擁有關心、扶助親人與他人的能力。退休則易導致衰老與保守，難以持續扶助他人。且我診所開幕以來即創新施行與公務機構相同之工作模式，即白天工作，夜間停診，周休二日，且遇紅則休，故可樂活久久，營運與健康兼顧。

（3）我熱愛我的工作，寓工作於歡樂。且整形可整心，救醜又救心，

一舉兩得,如此利人利己,樂此不疲,為何要退休?

(4)我的國內外整形外科老師們,他們皆已 80 多歲,仍茲茲不倦工作,並仍站在科研前緣,持續引導、啟發眾人。我的體能尚佳,一方面緣自於家族長壽基因,一方面緣自於遵循美國抗老化醫學會(A4M)傳導之抗老化生活法則,大約會比一般同儕年輕十歲左右,故樂意追隨老師們的腳步,繼續執業向前邁進。

診所設立的宗旨之一,即是闡揚社會企業,希能以此宗旨持續運作下去,如同蠟燭之燃燒般,蠟盡方始乾。闡揚社會企業理念,並以此回饋社會,是從心所欲中之首項「所欲」要務。

2、持續推動台灣美容醫療觀光,落實理念

台灣美容醫療觀光之促成,始終欠缺臨門一腳,因而「革命」尚未成功,「同志」仍需努力。

2019 年 8 月,衛福部薛瑞元常務次長(後升為部長)在推動台灣美容醫療觀光會議中拍板定案,答應由衛福部主導,並將以推動國際醫療相同之力道與人力,來推動美容醫療觀光。這是我與林岱樺立委十多年來並肩作戰,不停地合力督促中央政府,應仿效推動美容醫療觀光以振興國家經濟,績效亮眼之韓、星、泰等等國家,來推動具備優異國際競爭力之台

時任衛福部常務次長、後升任部長的薛瑞元應允由衛福部主導推動美容醫療觀光,(左一)為林岱樺立法委員、(右二)為曹賜斌醫師。

灣美容醫療觀光後，終於獲得的具體成果。薛次長同步裁定應先展開由醫策會負責之診所美容醫學品質認證配套措施，以保障外國整形求治者來台醫治時之整形安全。

　　為此我們也拜會醫策會來執行此認證作業。醫策會也答應自 2019 年起展開此認證作業，我也受邀擔任其認證委員。希望認證過關的診所數量達到台灣遍地開花之成果後，即可接續推動美容醫療觀光。

　　另外，在 2021 年 5 月，我也連合高雄市美容醫療觀光推展協會及台灣美容外科醫學會，共同拜會高雄市陳其邁市長，希望高雄市能率先落實推動美容醫療觀光，做為其他都會之樣板，以此推廣至北中等都會，終可形塑出全國化之執行力。

　　此也是我與林岱樺立委之另一願景，希望高雄先行推動。因我們都位在高雄市，且主導台灣美容醫學之台灣美容外科醫學會，已經我努力、由台北南遷坐鎮高雄，數年來皆沒變動。另外，全國唯一專責醫療觀光、並

建言
政府推動美容醫療觀光之模式

1. 帶領出國參訪、行銷高雄
   市府首長帶領醫療觀光團隊至華僑居住地、南向政策國家，舉辦醫療觀光展示會，宣揚高雄醫療觀光。
2. 市府建置美容醫療觀光官方網站平台及網路行銷專區。
3. 市府製作非繁體字之行銷文案，並於機場、飛機、旅館等地，放置宣揚高雄美容醫療觀光文案。

4. 協助本會於近兩個月內，與僑委會合辦各國僑領參訪、體驗高雄市美容醫療觀光企劃案，並提供經費補助。
5. 市府委請僑委會及外交部協助，於僑居地及南向政策國家，建置醫療聯盟機構，以利返國後照護及治療前之諮詢與聯繫管道。

曹賜斌醫師（左一）拜會高雄市長陳其邁，提出希望高雄率先落實推動美容醫療觀光及其相關建言。

持續運作中之民間社團「高雄市美容醫療觀光推展協會」亦位在高雄市。依此以上條件，由高雄市率先推動，應最具成效性。陳市長慨然答應，並當場責成相關單位主管，著手進行籌設工作。

然而之後台灣陷入全球性新冠肺炎疫情旋風而封鎖國門，美容醫療觀光因而停止推動。直至 2023 年 1 月台灣才解封國門，外國人也才逐漸來台旅遊。2022 年 4 月及 7 月，台灣美容醫學產業全國聯合會在其成立後，首次舉辦之學術年會與後續之南部論壇中，由林立委與我合力主導下，分別決議出推動美容醫療觀光、振興經濟之產官學共識結論。衛福部、僑委會、世界台商協會等代表們，也都慨諾會予協助推動之。

冀望林立委、台灣美容外科醫學會、高雄市美容醫療觀光推展協會、台灣美容醫學產業全國聯合會等，能與我並肩努力，持續督促衛福部、僑委會，甚至文化部，在可預見之期間內，能行完最後一哩路，完成臨門一腳作業，催生台灣美容醫療觀光、振興台灣經濟之大業落實。

不信公義喚不回，天佑台灣。

3、推動白疤關懷與醫治國際化

白疤簡介：皮膚遭受創傷或手術後，傷口或刀口於癒合期會形成疤痕，此時疤痕顏色為紅色，且會生長及呈現凸寬狀，此稱為「紅色活疤」。紅色活疤經過一年左右疤痕成長與衰退變化過程後，最後會成熟穩定不再變化、形成死疤，此時死疤會呈現白色，此稱為「白色死疤」，簡稱白疤。它會永久留在皮膚上而形成創傷的歷史痕跡。

白疤會洩漏出患者不欲人知的過往難堪事件、疾病或隱私，例如割腕自殘、被肢體霸凌、先天性唇裂或整容手術等等，故患者大多想除之而後快，以求心安及穩私維護。另外，不少親朋、同事常因好奇心趨使或善意

關懷，會去詢問患者該白疤形成的緣由，然此卻會使當事人勾起不堪回憶的往事，造成心靈再次傷害。長久以往就會逐漸形成巨大困擾，心傷之「心痕」，使患者難以跨越過去，致無法放心邁向未來。

　　許多人誤以為白疤只是皮膚上的歷史小痕跡，它不傷身、不重要，故去除應不難，殊不知白疤是任何疤痕的最終形態，它無法用現今已知的任何醫療科技予以去除，包括雷射、磨皮、光療、手術切除（因切除後之刀痕最後又會形成白疤）等；醫學刺青或皮膚覆蓋術雖可添增顏色於白疤上，但卻難以調配出與該白疤周邊皮膚完全一樣之膚色。即便有幸能調配出來，也會因顏色自身代謝及沐浴乳、清潔劑、水等之清洗而逐漸褪色或變色，以致與周邊正常皮膚產生色差，而變得欲蓋彌彰；紫外線照射治療對白疤無效（因白疤皮膚內部已無色素細胞，光照無法刺激其產生色素），反而白疤周邊皮膚受到刺激會被照得更黑，如此會更加凸顯白疤之亮白度，因而使白疤顏色更加惡化。

　　白疤無法去除的原因在於：在白疤的疤皮內因刀傷或創傷之故，造成原本皮膚內具有之色素細胞受到破壞及凋亡，導致無法產生色素，因而使疤皮呈現一無所有之白色。所以國際醫界皆將白疤認定為「疤癌」，無法醫治，只能保守性地請患者接受它，與它共存，或用化妝方式予以掩飾。若男性患者白疤長在上唇者（如唇裂縫合後之刀口白疤），則請其蓄鬍子，希能靠鬍毛遮掩白疤。然此兩種方法「療效」皆不彰。

　　以化妝方式掩飾要塗濃妝才能有效遮掩住，但此妝經數小時後即會逐漸褪妝，須再次補妝；且若碰到水（如流汗、以水清洗身體、或唇周之喝水）時會容易予以淡化，如此患者會經常處於白疤可能暴露而被看出之恐慌中。男性患者上唇蓄鬍子亦是，白疤處除無色素細胞致不能長出皮膚色素外，亦無毛髮細胞及毛囊組織，故亦無法長出毛髮。所以要靠蓄鬍子

長出毛髮以遮蓋白疤之目的，亦無法達成，白疤仍會在蓄鬍區域中明顯可見。

我會去研發出治療白疤的創新科技，是來自於眾多男女唇顎裂成年未婚患者的苦苦哀求。

唇顎裂患者從出生到長大期間，基本上要經過五項手術之醫治療程，才會使顏面外觀及聽、講、牙齒等功能正常化，此包括三個月大之唇裂修補、一歲大之顎裂修補及耳咽管引流術、7到9歲大之齒槽裂植骨或修復、12歲大之鼻頭畸形矯治手術、16到18歲大之正顎矯治手術等。其間還要經過多年的語言訓練、牙齒矯正治療、心理社會適應治療等等，才能健康、正常地長大成人。

長庚醫院是台灣唇顎裂暨顱顏畸殘病症的治療中心（羅慧夫恩師的功勞），我又是此項整形外科次專科項目的南部負責專家，因而在過去於高雄長庚醫院工作十年中，治療過數以千計之南部八縣市此類患者。然而在他們長大成人、外形無畸殘後，卻又紛紛回來門診求治，請求我將其唇顎修補後形成的上唇白色刀疤予以完全去除掉，因為此白疤會洩漏出其為唇顎裂患者的本質屬性，而此對他（她）們的婚姻會成阻礙！此乃因唇顎裂有遺傳的傾向，患者有兩成左右的機率結婚後會生下唇顎裂小孩，此可能會使其交往的對象因而生畏，不敢與其繼續交往及結婚，因而造成他（她）們的絕望與恐慌，故在20來歲後就紛紛前來向我求救。

初期我會予以修疤醫治，將粗寬不雅之唇裂白疤修整成平淡細小之白疤，之後再告知他們國際醫界及我的老師們皆無法完全去疤，尤其是白色，僅能請其接受並與白疤共存。然而得到的卻是他（她）們絕望的眼神、苦苦的哀求，與哭泣。

長此以往，使我心痛與無助，於是暗自發心要去研發解決、突破此唇

顎裂治療最後一哩路之醫治技能障礙，亦即化除白疤，使其看不見。在初期數年試過上述傳統之治療，包括修疤手術、雷射、磨皮、光照、醫學刺青等等療法皆無效而挫折茫然時，某一天我突然心念一轉：「與其執著於此方向治療持續無效，何不逆向作為試試看呢？」亦即，將「去除」白色病灶之做法，更改為「給予」顏色的反向操作！猶將英文字之「Take」轉「Give」之轉念。

因為疤會變成白色表示此疤皮內已完全沒有色素細胞、無法再產生色素，所以我們以傳統治病觀念，用「去除」病灶之方法是對它無用的，猶如已家徒四壁、一無所有，再去予「拿除」東西，就會完全拿不到之意境一樣。而給予顏色就是要給予色素細胞，亦即要植入皮膚色素細胞，使它活下來後將來就能長出色素來。此念頭一出，我就開始研發要如何去施行，才能具有實證療效。

經過數年間不斷的 Trial and Error，嘗試及修正各項療效不彰或併發症過大之術式，終於在 2000 年左右研發出第一代的「白疤顏色再生術」創新技能，並施做於白疤患者身上，得到令人興奮的膚色長出佳效。此術式核心做法為：「擷取自體皮膚、去除上半層表皮細胞後，以刀割切成顯微皮粒狀，再以注射針頭將白疤皮膚間隔打洞，之後植入此皮粒於洞內」。數個月後皮粒內含的色素細胞就會逐漸長出色素，而使白疤顏色逐漸轉化成正常膚色。

2016 年，利用東方美容外科醫學會（OSAPS）在台灣舉辦其國際學術年會之機會，我將此白疤顏色再生術論文首度對外公開發表。結果震驚各界，許多國內外醫師紛紛發言，讚許此白疤治療的突破性技術。其中一位美國醫師甚至鼓勵我應將此論文撰寫投稿及刊登於國際學術期刊，因他說在美國從沒看到此項創新技術，可有效解決白疤的治療困境，而刊登於

曹賜斌分別在 2019 年、2021 年榮獲美國美容外科醫學會學術期刊 ASJ 的高度肯定，刊出兩篇有關白疤治療的創始性論文。

國際學術期刊就可給美國及全球各地的醫師知曉，可予以拿用來醫治白疤。他的建言給了我很大的鼓舞，因我過去 20 年多來常在國內外醫學會發表其他較大療項的創新論文，包括隆乳、眼皮、眼袋、隆鼻、拉皮、臉形年輕化等等重要美容項目，白疤我自認為屬於較小、不顯眼之小療項，因而才會等到其他療項都發表後才拿出來發表，沒想到竟然會小兵立大功，引起大家這麼大的關注。

另外一件引發我決定撰寫論文之重要誘因，即為美國美容外科醫學會理事長 Pro. Clyde Ishii 的激勵。2017 年我在首爾的韓國美容外科醫學會年會發表此論文後，他走來跟我道賀，說此論文創意甚佳，且秀給我看他的筆記本上密密麻麻地抄寫著我的白疤治療技術及畫圖顯示，並說他回去

後會依此法來治療他的白疤患者。連美國的美容整形外科領導人都對我這麼地肯定，於是我回台後就開始信心大增地著手撰寫論文了。

2019 年我的第一篇、也是全球第一篇白疤治療論文「Microdermal Grafting for Color Regeneration of White Scars」被全球排名第一的美國美容外科醫學會學術期刊 Aesthetic Surgery Journal（ASJ）接受，並予以刊登出來，我倍感榮幸！全球各地白疤患者聞訊後接踵前來台灣高雄醫治。我也以此論文到全球各地醫學會發表，包美國、歐洲、韓國、中國等，且在台灣及中國分別受邀施行白疤治療之示範手術演示，以使醫師們詳細了解白疤醫治手術之各項技

曹賜斌在白疤治療等醫學和醫術的成就與貢獻，榮獲國際史懷哲獎章的肯定（上），前衛生福利部長林奏延專程南下拜會並致賀（下）。

術細節。

　　累積更多的白疤治療經驗後，我進一步修改手術技術及術後照顧細項，朝向提升手術成功率、降低併發症發生率之標竿邁進。在經過一年多的努力後，終於實現進階版 2.0 之白疤療法目標，予取名為「Progress in Microdermal Grafting for Color Regeneration of White Scars」，並再次投稿學術期刊。幸運地於 2021 年又獲得 ASJ 期刊的接受並予刊登出來，成為全球第二篇白疤治療進階版論文。

　　連續兩篇白疤創新治療論文獲得全球最佳醫學期刊之刊登，及國內外媒體報導（甚至美國有一位大眾醫學刊物之總編輯，來函請求我同意，予其刊載我的論文綱要於其刊物上），使得國內及世界各地白疤患者蜂踴而來，即便 COVID-19 期間，也有數十位各國患者寫信來詢問及要求疫情過後要來台灣治療。我為免除其跨國醫療之舟車勞頓及花費，於是善意勸他們可就地在其國家醫療，並告知我的白疤治療方法已刊登在國際醫學期刊上，且我也去過不少國家之國際醫學會上，演講過此白疤治療的論文，故許多醫師應都已知曉、且會施行此手術的。沒想到他（她）卻都回應我說：「你是技術原創者，經驗最豐富，療效會最好，併發症也會最少，所以我還是要來找你醫治，不想做為他們的練刀白老鼠。」這些回應使得我無言以對，遂逐漸種下了在台灣設立國際白疤治療中心，使白疤醫療及關懷國際化的念頭。

　　2021 年 1 月，我設立白疤關懷聯誼會網路社群，其宗旨為「使白疤患者有一個溫暖庇護之家，彼此得以互相關懷、聯誼，不再孤單，並獲得白疤相關醫療新知訊」，白疤患者可以受邀或免費申請加入，申請加入專線為：07-7258599 轉分機 31 號。聯誼會還會適時舉辦白疤治療公益講座及會員聯誼活動等。

曹賜斌醫師（中）於 2023 年 12 月在診所內設立國際白疤中心，參加剪綵的貴賓祝賀白疤治療的機構化及國際化。

　　2022 年，此白疤關懷聯誼會國內會員數已達數百名之多，於是我們乘勝追擊，將聯誼會群組增設英文版，使白疤國際患者也可受邀或免費申請加入。英文版之名稱為「International White Scar Care Association」。

　　為求進一步國際化宣揚白疤病患之公益關懷，我們於 2023 年 12 月在診所內設立國際白疤中心，使白疤治療國際化及機構化。並預計於 2024 年增設國際白疤日（International White Scar Day）活動，其日期將會設定為與羅慧夫紀念日（Noordhoff Memorial Day）同一天，即 6 月 29 日羅慧夫院長的生日，以求溯源白疤醫治研發之念頭，是來自於我發心要抹除唇顎裂患者上唇之白疤，使其免除不敢結婚之恐慌與顧慮，同時也要以此來回報羅院長對我的浩瀚師恩。

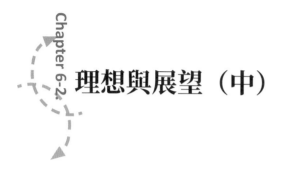

理想與展望（中）

Chapter 6-2

4、持續舉辦抗老旅遊

美容整形結合抗老化醫學，是 21 世紀的潮流顯學，因為彼此互惠互助。

美容整形可使人年輕亮麗、返老還童，但無法保固此療效。抗老化醫學可使人達到長命、活力佳效，但無法返老還童。故欲返老還童，青春長保，則需兩者互相結合，才能達成。

所以完整的抗老化醫療，是要涵活外在的美容整形治療工程，以及內在的抗老化醫療預防工程，才能竟其功，達到返老還童，青春長保的佳效。一般而言，先做美容整形，達成青春亮麗、返老還童後，再接續施行抗老化醫療，以求長保青春亮麗療效，是大多數人要求及期待的療程順序。

我會投身抗老化醫學研究，是來自於眾多美容整形求治者術後的一再乞求。他們在術後療效呈現後，不約而同地詢問著：「謝謝你的妙手醫治，使我由老醜變回年輕亮麗，那此療效可持續多久呢？」我脫口說著：「美容手術不是預防性醫療，而人會繼續老化，故療效頂多只能維持 5 到 8 年。」得到的回應卻是他們的失望與乞求：「是否你能設法研究、拉長療效，以求保固長久？」初期我自認為回應得當，不予去理會及研究，但陸續不停、持續數年的受到求治者如此呼求時，心中開始反思：「科技來自於人性的需求」，我不應故步自封，應朝此方向研發，含預防或延緩老

化之醫療，才是美容整形醫者的廣義職能盡責。

於是在 1999 年左右，我開始向外找尋資料並詢問相關人士，終於查到美國抗老化醫學會（American Academy of Anti-Aging Medicine，A4M）是此領域全球最專業及規模最大的醫學會，且此醫學會剛成立一年左右，方興未艾，就已躍登為全美會員人數成長最快的醫學會，並歡迎全球醫師申請加入，因此我就積極申請加入。幸運地於 2000 年初獲准加入成為其會員。每年會在 Las Vegas 舉行學術年會 4 天，專研抗老化醫學，我連續參加三年，終於學到新穎又實用的抗老化醫療知能。

抗老化醫學涵括所有的抗老化生活及醫療項目，包括：（1）抗老化餐飲、（2）抗老化運動、（3）睡眠品質維護、（4）壓力解除、（5）抗老化營養品補充、（6）賀爾蒙補充、（7）重金屬排除、（8）基因改造與（9）各項生化檢驗診查等九項。除後四項需醫療介入外，前五項皆屬生活調正事宜，與醫療無關。

因我美容整形的醫務繁忙，無心力及時間再去開拓內科屬性的後四項抗老化醫療，故初期我在南部找到一位台灣醫師、與我一樣皆是 A4M 會員的內科開業醫師，以內外合治之合作方式，開啟抗老化之完整醫療。

每位患者前來醫治時，我都會使其先看診過我們兩位醫師，經其了解及同意內外合治之用意後，我就先做美容整形治療，將其老醜外貌整成年輕亮麗化後，再轉給內科醫師進行後四項之抗老化醫療。初期進行順利，但彼此的診所人員慢慢介入後逐漸人多口雜，衝突日多，因而在合作一年後分道揚鑣、各自作業，真是合字難寫啊！可惜。

於是我轉念操作，將抗老化醫療法則改用在自己及家人身上，而非整形求治者身上，較能落實可行，且易長期執行，並能自我觀察其療效成果。抗老化醫療前五項為抗老化生活之調正屬性，只要依循抗老化生活法則，

曹賜斌常應邀到各公民營機構或社團演講，分享如何在生活中抗老化。

將其落實在日常生活上，應可發揮抗老化之預防功效。

　　我開始先用在自己身上，半年後發現確實有效，持續進行一年後，印證出老化徵象延緩、活力充沛、身心更新之抗老化醫療功效。因而我開始將「美容整形與抗老化」當做演講主題，到與我相關連之各界社團組織去做公益性演講，希能帶給人們「返老還童、青春亮麗長保」的美夢實現。

　　抗老化餐食中的自我挑選，具備符合抗老化法則的食物及飲料進食，是很重要的抗老化執行面，也是最容易進行的抗老化生活，因大家都喜歡吃美食，且我們天天都要吃飯。且「病從口入」是大家都知曉之事，但「老從口入」就少有人知悉，但要知道，你怎麼吃，就會怎麼老或不老的！

　　所以我就從這裡方面著手切入。利用演講後大家都會聚餐聯誼的機會，事先講如何挑選對的食物及飲料，以求抗老化。之後在聚餐時，請大家依我剛演講過的抗老化「挑食」法則，去從十道菜（一般宴席皆是十道菜）中挑食吃進，以求賺到抗老化。

　　此「現買現賣」之做法果然發揮執行力功效，演講時大家都會聚精會神聽講，及吃飯時落實執行。有些年紀較大、董事長級之人物就跟我說：曹醫師我已年老記性不佳，乾脆吃飯時我來坐你旁邊，你怎麼挑食吃，我就跟著你吃就是了。我當然答應，因這樣他有經驗後，下次就會懂得自己去「挑食」，而達到餐食抗老化的目的了。

　　我這樣持續進行數年後，社會影響力逐漸擴大，連市政府社會局也耳聞此事，因此邀請我去社會局所屬的長青學苑做公益演講，對象為年長志工及會員。學苑志工及會員多為五、六十歲以上之中老年人，最老者為九十多歲。我去演講時，出席率很高，整個會議室坐八成滿，約七、八十人，且上課中幾乎沒有人打瞌睡，多聚精會神聆聽及寫筆記，演講後的問與答時間，許多人還踴躍發言，欲罷不能，社會局接待專員驚訝地告知，這是少見之事，因大部分他們安排的課程，多是在開始半小時後，許多會員都已在打瞌睡或離場了，我則回應說因抗老化是這些長輩們最在意之事，且我演講內容淺顯實用，並顛覆他們的傳統生活起居思維，故刺激、吸睛力強、不易睡著。因演講效應佳，故社會局每年皆會排定此公益演講活動，我也樂於參與，自助助人。

　　抗老化演講雖然成功，但若聽講者沒有全套性落實在生活上執行，則會事倍功半，成效不彰。為求落實執行，我進一步開拓出抗老化旅遊活動，利用旅遊之數天時間，實際帶領他們進行全套抗老化生活，如此才能強迫取分，使其能真正執行抗老化餐食、抗老化運動、睡眠管控、壓力解除等抗老化生活法則。

　　我找到一家旅行社說明此事，並告知其老板此抗老化之主題性旅遊具備藍海特色，若成功可為其開創出新客群，且抗老化須持續進行才會功效倍佳，故具有高回客率，此項主題旅遊之獲利就會高於一般旅遊團。我可

曹賜斌籌組抗老化旅遊的「不老團」，呼朋引伴，共遊台灣，並在行程中加入抗衰老的元素。

協助將抗老化元素增入旅遊行程中，包括餐食、旅館地點、景點、活動與動線等等。

旅行社老板被我說服而開始規劃，我則招兵買馬找尋有意願參團者，很快就找滿出團應有的人數，因而順利成團展開抗老化旅遊，我特別取名為「不老團」。

第一次的不老團旅遊我擇定為環島之旅。理由是來自於我在 2005 到 2007 年就讀國立中山大學 EMBA 時，某一教授的名言：「身為台灣人，就應去完成下列三件事，才不算枉生為台灣人：登玉山、出書、環島一周」。前兩件事我都已完成，只剩環島一周還沒機會落實。

2018 年 10 月秋天，不老團環島八日遊之十多位團員從高雄往北出發，結合高鐵、遊覽車及台鐵等交通運輸，我們踏遍台灣周圍一圈，最後從台東坐台鐵回到高雄，媒體聞訊也有予以報導。在抗老化各項元素加持及每天團歌、團呼伴隨下，每人拋下職場面具，嘻笑打鬧、盡情歡笑享樂，幾乎每天都年輕一歲，男變少年仔，女變美少女。也在變年輕的喜樂中建立彼

仁者樂山，曹賜斌籌組「不老團」，登山壯遊也是抗衰老旅遊的重要行程之一。

此革命伙伴情誼，因而催化出繼續抗老下去，以後改為定點深度抗老旅遊的共識。

2021 年 3 月，第二次不老團在眾人殷切期盼中成團，做法改為三天的定點深度抗老之旅，地點擇定為花東景點。如第一次般，眾人又親自經歷豐富的抗老化生活洗禮，全身彷彿脫胎換骨般，再度年輕活力起來，喜樂在心，笑容滿面。在依依不捨中結束時，又催促我要趕快籌辦秋季的不

老團旅遊。

　　第三次不老團旅遊，經與旅行社商議後，擇定於 2021 年 10 月份，在苗栗山林區做定點深度三日遊。有趣的是，旅行社女性總經理此次也請求要加入，因她說你們每次都這樣快樂地抗老，太吸引她了，所以她這次也要來親身體驗及享受一下！

　　總經理的加入，當然使此次不老團旅遊品質優質到位，也透過旅行社的號召，增入不少新團員。在結合各項抗老化生活元素，以及前兩次之嘗試式經驗修潤做法，第三次不老團三天的抗老旅遊，更加純熟精緻，舊團員們也愈加年輕，及深切體悟如何過抗老化生活了。

　　全球性新冠肺炎疫情於 2022 年波及台灣，使得不老團不得不中止運作至今。期盼疫情解除、雨過天晴後，不老團旅遊能重新出發，並拓展為海外旅遊及擴大，吸引有志之士加入，使得以抗老化旅遊來落實抗老化生活法則的抗老化實踐模式，能推己及人，使更多人能延緩老化，活力長保，延年益壽，造福人群。

Chapter 6-3.

理想與展望（下）

5、著書立說，暢談理念

前言：

古人追求人生三不朽，即「立功、立德、立言」，其中立言最能名傳子孫或千古，對後人影響最大，如孔子之倫語、孫子之孫子兵法等等。

我自忖一生才德平庸，要立功立德何德何能？只有立言稍能到位，只要能因而嘉惠本人後輩或親友子孫，就應可無愧此生。因而在行醫空暇之時，開著書立說、撰寫社會公眾書籍，暢談自己對社會貢獻之理念與見解，企求回饋社會，也可為自己的生平留下雪泥鴻爪，使子孫更加了解我所處世代之概況，並嘉惠子孫。

曹賜斌的第一本著作《美麗金三角》，是和彩妝大師朱正生、形象管理大師陳麗卿合作出版。

一、《美麗金三角》：

這是我的第一本著作，是由我說服台北彩妝大師朱正生，及形象管理大師陳麗卿等兩位，與我三人有志一同，共同合著而成。因是以金字塔的三角形關係塑造出美麗，故書名予命名為「美麗金三角」。

2007 年出版後造成轟動，因是史上第一本暢談塑造整體美之理念書，闡述為何要塑造、及如何塑造出整體美之概念與做法，由三位在台灣整形美容醫界、顏面彩妝界及穿著形象界各擅勝場之三大領域大師，因著共同的使命與信念，攜手打造出 77 個安全又有效的美麗魔法改造術。

不管愛美者年齡為何，此書的魔法都可讓其美麗歷程變成一場驚艷之旅，發現自己也可變得這麼美，學習與成長也可以這麼快樂、輕而易舉。首先由整形美容開始，將顏面五官局部性的老與醜，轉化為年輕與亮麗，接著透過顏面彩妝的塑造，將此局部的五官美，擴大為全臉的顏值美。最後再透過穿著形象的魅力改造，使顏值美擴散為全身的整體美。

如此由局部到全身的全面美化塑造，只要從一處五官的手術打造開始，因著彩妝與穿著形象的順勢加乘，就可達到愛美者心中全身整體美改造的願景實現。在變美的過程中，獲得安全又省錢省時的專業呵護，無寧是人人「美」夢成真的最佳期盼吧！

因著此書在台灣的暢銷，引起大陸方面的關注，2012 年由北京的人民邮电出版社，以簡體字方式轉譯出版此書，書名則改為「我的愛美书」，出版後亦造成轟動與熱賣，也成為我去大陸時，與大陸朋友見面常用的伴手禮。

二、《整形整心》：

古人有言「向由心生，心隨向改」，我們的內心常會隨著外相而改變。外相年輕美麗，我們的內心就會趨向年輕化且活躍；外相老醜，我們內心

就會趨向老態且保守。整形整的雖是外貌，但外貌改善後，內心常會因而隨之改善，從自卑到自信，消極到積極，悲觀到樂觀，保守到開朗。

心境改善後，就會從原本行事畏縮狀態，改為進取、敢拋頭露面與人交際，提升人際關係；做事也較會有活力及積極，敢嘗試失敗，如此潛能就容易發揮，導致較能出人頭地、事業有成，因而能夠改運。所以整形其實是在整心，也因為心改了，運也較會改變，因而可間接改運。

有時候整形不只是整自己的心，也可以整你周遭人的心，因為人都喜歡看美麗的事物，包括人。所以當你的外相因為整形改為年輕亮麗後，他們對你的觀感也會隨之改變，會更喜歡你並喜與你親近、共事，因而可以提升你的人際關係與好人緣，相對的可以使你更快樂，因而可以更長壽。

許多人前來求治整形，雖然表面上是希望能將其外貌由不正常變成正常，或將正常變成年輕亮麗化，但其實是潛意識希望能同步整心。將其內心因外貌的不正常或老醜，導致上述的自卑、消極、悲觀、保守及焦慮不安等等心境，在整形成功使外貌轉為正常化或是年輕亮麗化後，心境也會改善為自信、積極、樂觀、開朗及自在，使其因而能放下及跨越過去因外貌不佳導致之陰霾與捆綁，安心及無所牽掛地邁向未來，並開展新生命。

因著數十年來的整形醫治經歷，使我有機會親身體驗到眾多整形求治者的整形整心成功案例，深受撼動，激發我想將這些案例故事撰寫成書，做為未來整形者的借鏡，以及使社會大眾能夠了解整形亦能整心的重要附加功能。於是我洽詢我的媒體老友－聯合報高雄採訪組召集人胡宗鳳資深記者的意見，是否願意合作將這些案例以寫故事方式合撰成書？此獲得她的高度興趣與首肯。

於是我們以我口述並提供案例資料，她撰寫故事情節的方式，共同將18個整形整心案例撰寫成文。每個故事情節意涵，我另請高雄長庚醫院教

曹賜斌出版《整形整心》，針對美容整形醫學做了具有人文思維的完整論述。

材室醫學繪圖專家陳建興先生，以漫畫方式繪製成有趣圖案，增加讀者閱讀樂趣。每篇故事後面都加上我寫的「醫師的叮嚀」與「整形 Q&A」，以使讀者藉此機會獲得正確的整形心態與知識。

除了以「整形前，先整心」之 18 篇整形整心故事章節做為開頭外，我也撰寫後面兩個章節，包活整形求治者應具備的「美容整形的正確心態」及「專業醫師教妳的六堂課」等章節。前者涵蓋十個正確心態，例如「整形可以改運嗎？」、「美容整形，安全第一」與「順便合併施術並不一定賺到」等等；後者則涵蓋六項美容整形成功之專業知能，例如「術後按摩才是隆乳成功關鍵」及「自體脂肪填補，自然又省荷包」等等。如此使整本書涵蓋面更完整，兼具故事趣味性、心態正確性與專業知能獲得性等。

2014年此書撰寫完成時，我們將此書命名為核心精神的「整形整心」，找到文經出版社為我們出書，及拍攝我們兩人之照片做為書本之封面。

　　另外我們分頭去邀請到醫界及媒體文教界權威大老們共六位，為此書寫序，他們分別為：

　　醫界：（1）長庚醫療政策委員會陳昱瑞主委（我的師兄）。（2）陳明庭血管瘤基金會陳明庭董事長（我的外科啟蒙恩師）。（3）聯合整形外科診所林靜芸院長（與我有台灣「北林南曹」美譽之整形大師）。

　　文教界：（1）國立中山大學楊弘敦校長（我唸EMBA時的大學校長）。（2）經濟日報黃素娟社長（胡宗鳳記者在聯合報系工作時的長官）。（3）國立高雄師範大學黃培村校長（胡宗鳳記者念博士學位時的校長）。

　　期盼此書能使人心美及形美，人生因而完美。

　　三、《大白袍與小白領》（電子書）：

　　此書於2017年出版。大白袍是指穿大白長袍、代表主治醫師級以上身份的大牌整形外科醫師，小白領是指穿小白領襯衫、代表剛畢業進入社

曹賜斌結合眾多人聯合撰寫，共同出版《大白袍與小白領》電子書後，舉辦多場大專院校公益講座，希望提高大學生畢業時的就業力。

會之小咖職場新鮮人。希以整形利器，改造大專畢業生，轉骨再生、改頭換面，使其具備職場顏值競爭力，畢業即能順利就業，以造福學生與企業界，並企求因而能振興台灣經濟。

目前大專或碩博士畢業生因眼高手低且起薪不高，求職就業困難或意願低，故常會出現「寧願延畢、續讀碩博士、待在學校，而不敢到社會求職碰壁，以免受窘」之心態與情境，造成高等教育培養人才為社會所用之政策失能，及企業界人才荒致拓展受困之雙輸窘境。

大白袍與小白領此書就是在此境況下，為解決此困境應遇而生的。方法是透過小白領之求職碰壁經驗，引入職場求生專家之經驗輔佐，提供履歷表健診，Interview 要訣專業植入，切除職場惡習，再結合大白袍～整形外科醫師以快狠準之外科人特質，切砍重建外貌，使其換臉重生、轉骨再生，形塑出職場競爭力及顏值形象力，從而能內外合力，使大專生畢業即能得職就業，不需延畢。

此書結合眾多人聯合撰寫而成，包括整形外科醫師、澳洲職場求生專家、診所顧問與員工、職場新鮮人及賣場小老板等等，歷經快一年之時間撰稿與修整，終於在 2017 年出書。以電子書方式出版，是因應無紙化減碳環保趨勢，及順應出版社進入寒冬化之大環境所致。

此書出版是與診所公益講座活動同步進行，以求能相輔相乘。為求持續推動診所之社會企業政策，我們於 2017 年特別舉辦「大白袍與小白領」大專院校畢業季巡迴公益講座活動，以白色力量進入校園、至中南部各大專院校無償公益開講，目的在使大專生畢業後不怕碰壁即可就業，以解決畢業生畢業即失業致轉而延畢，及企業界找不到人才就任之雙重困境，進而能振興台經濟。

四、《整形 4.0》：

於 2020 年出版。這本書主要是在闡述整形進化之路，由個人之重建、美容、整心，再走向對人群、社會、國家之公益扶助。因為世事不斷在變化、更新，一切向前進化。不論是工業化由 1.0 進化到 4.0，行動通訊技術由 1G（Generation）進化到 5G，整形科技也是一樣，已由 1.0 進化到 4.0。

綱要性的闡述內容如下：

整形 1.0：

整形重建將先天畸形或後天傷殘、癌瘤切除等導致之形體不正常外觀或功能，利用顱顏整形重建、顯微整形重建、皮瓣轉移、燒傷救治、傷口照護整形重建等等科技，將其予以正常化醫治之整形重建科技。

整形 2.0：整形美容

將正常人之形體外觀，予以美觀化轉變，成為年輕亮麗的整形科技，使人們能因而提升生活品質，邁向真善美之美麗人生最高境界。

整形 3.0：整形整心

透過整形使人們老醜外貌改為年輕亮麗化，則其內心之自卑、消極、悲觀心態，就可轉化為自信、積極、樂觀，如此就容易激發其潛能，會奮力向前打拼，事業因而易會有成就，人生也因而會呈現光明面。

心美、形美，人生也因而會趨向完美。

整形 4.0：公益扶助人群、社會、國家

（1）人群：包括書中第一章之整形故事，第二章之整形世說新語及第三章之整形軼事等。

（2）社會：包括書中第四章之近代台灣美容整形醫界進化史，及與各國美容整形外科醫學會簽訂學術合作 MOU（備忘錄）協議書，以非政治性、無國界之醫療外交，協助政府突破外交困境。

（3）國家：包括書中第五章之醫療觀光。以推動美容醫療觀光，成為台灣經濟發展之新動能，來振興台灣經濟。

《整形 4.0》這本書是台灣整形美容 2020 年的時代新書，也是國內外最新的整形進化產物。

整形外科起源於整形重建醫療，經歷戰爭及戰後承平時代，使它由整形重建進化至整形美容。再經由現代化生活競爭與心理壓力的推播，使它進一步進化至整形整心。之後由個人之整形需求進化至目前對人群、社會、國家之公益扶助。透過閱讀這本書，可以一覽整形世界的「大觀園」現況。

這本書榮幸邀請到 14 位跨界名家為其寫推薦序，包括衛福部次長、中央研究院院士、大學校長，日本、香港、大陸整形外科著名學者、台灣美容外科醫學會理事長、醫師公會理事長、國立大學法學院院長、長老教會牧師等等，他們皆以其角色、立場審視本書，並寫序文推薦，故具高度多樣性及趣味性，值得一讀。

6、傳揚福音，引人歸主

多年前花蓮門諾醫院黃勝雄院長曾來電詢問及邀請我，是否要去門諾醫院行醫？因該院欠缺整形外科醫師，及對後天傷殘與先天畸形者的整形重建醫治。我回覆他說等我退休後就會去，以實現醫療傳道、奉獻餘生的願景。此話一直縈繞我心，直至今日。

我因羅慧夫院長感召而於 1986 年 3 月在多倫多決志信主，經多倫多華人浸信會受洗成為基督徒。回國後初期在高雄澄清湖浸信會做禮拜，後經由前金長老教會王宗雄牧師力邀，遂於 1986 年 12 月轉至其離開前金教會後自我開創、位於高雄長庚醫院附近的文山長老教會做禮拜，因而固定

下來。

在文山長老教會我歷任過執事及兩任長老之職務，長期協助舊文山教會募款以建蓋新教堂，終在十多年前於文山特區建立現今氣派輝宏的教堂。

在文山教會服侍上帝數十年期間，曾創設高雄長庚醫院基督徒團契及引領身旁諸人信主，包我的太太與女兒、我的姊姊（原先是美國慈濟藍袍信徒）及診所的兩位員工等。

我的父母親多次從台北南下高雄探望我，期間周日我都會邀兩位至教會做禮拜。他們雖沒信耶穌，但因愛我之故而願到教會聽福音、唱詩歌，並融入其中，歡樂融融。故後來當我父母親相繼過世時（母88歲，父101歲過世），兄弟姊妹皆決定用教會追思禮拜儀式進行追悼，以符其心願。

我在1996年離開高雄長庚醫院、於高雄市開設「曹賜斌整形外科診所」後，常邀請文山長老教會及其他教會之牧師與牧師娘，於感恩節及聖誕節，也是我的生日時來診所講道，及接續之聚餐與禱告，來慶祝此節慶。

我父親曾於某次聖誕節時，穿扮成聖誕老公公，在診所大廳發放聖誕禮物給全體員工及來賓，製造歡笑聲不斷；我母親也曾於某次感恩節時，在診所大廳由她彈風琴、我吹口琴的方式，合奏她最喜愛的耶穌恩友（What Friend We Have in Jesus）聖詩，分享給所有員工及受邀賓客，造成轟動。我利用此種職場傳教方式，使診所員工及賓客在歡樂氛圍中接觸到聖經福音，進而有傳揚福音、引其歸主的促進與盼望。

在文山教會服侍期間，我曾於2005－2007年兩年間，利用周末假日到國立中山大學研讀EMBA，以補強我在醫療院所管理知能的不足。透過生產、行銷、人力資源、科技研發、財務及資訊等六項管理知能，使診所之營運、成長能順利進行，持續至今而不墜。

20 多年認養情，「女兒」終覓得良緣嫁，曹賜斌的肩膀獲解壓。

而我發現，管理知能在各行各業上皆是相通、一致的，包括政府、企業、醫療與法律等等，也包括教會。我因而善用此知能協助教會管理，包括遴聘牧師之作業。

另外，教會牧師們在禮拜天之主日崇拜證道文，內容往往宏博寬廣，切應時事，且涵括教堂、人生與永世之管理，此與 EMBA 之精神雷同，於是我斗膽將其命名為「教堂 EMBA」，並筆錄這些證道文，除及時分享給教會教友外，也收集成冊，希將來能予出書，以求宣揚上帝福音，並能自我溫故知新、堅固與深化聖經教義。

約二十年前，我在基督教六龜山地育幼院，因緣認養了三位國二、國

認養情延續至女婿與孫子，兩歲孫子也開始會主動叫爺爺，令曹賜斌感動在心頭。

三孤兒幼童，一男兩女。因育幼院院長為牧師，所以他們也都是基督徒。我幾乎是每兩周從高雄開車去育幼院關愛他們，陪其正向成長，也曾引領診所員工及妻女到育幼院關心他們；現他們都已長大、離開育幼院，且讀完大學並在社會各地就業。

我們經常利用假日或節慶聚會，以維繫認養情誼，至今不間斷。我們之間也有成立Line群組，取名為「一家人」，彼此可在群組內交流與溝通，他們都稱我為乾爸。我經常邀請他們吃飯或旅遊，有時他們也會邀其朋友一同參加。吃飯前後，我們都會進行飯前與結束禱告，以維持基督是我家之主的核心信仰。另外，我也會找一些做人處事與職場倫理相關的文章，

於見面前先給他們導讀，並在飯後大家一起來分享讀後心得，也藉此傳遞我的人生經驗與方向指引，希他們在社會上就業時，能建立起做人做事正確心態與擺正人生方向，不致偏激或歪離。

因他們都已近三十而立的年齡，為求使他們能在社會上獨立自主、進而能成功創業，於是近期與他們協議成立「一家人團體活動公基金」制度，我捐贈 60 萬元當做初期年度公基金，並由他們之中遴選出年度執行長與稽查長各一人，分別負責年度公基金的運用與稽管，表現優者予激勵及連任，劣則予年度更換。

一家人之各項聚餐或旅遊活動等支出，皆由公基金與每人依規定比例分擔之。如此可培訓其處事審慎規劃，量入為出的企劃管理技能，與建構職場盡責的當責態度。希望他們在真正自主創業之前後，能有務實經驗可踏穩灘頭堡，逐步落實人生願景，而不致翻船顛覆或失志落魄。

「酒店打烊，我就走人」，這句邱吉爾的名言，就是我現今的寫照。在此從心所欲之年，因身心仍健壯，壯志未酬，我仍會走我喜走的醫療志工路，樂而忘老。待至身心快倦怠時，就會順應對門諾醫院黃勝雄院長的承諾，赴花東與其同心同行，以醫療傳道，為主做工，傳揚福音，引人歸主，榮耀上帝，奉獻餘生，直至回歸天家。

從心所欲——曹賜斌行醫隨筆

作　　者｜曹賜斌

出　　版｜有故事股份有限公司

發 行 人｜邱文通

總 經 理｜邱健吾

編　　者｜甘尚平、郭韋伶

美術設計｜林雪盼

照片提供｜曹賜斌整形外科診所

行　　銷｜葉威圻、朱俊飛

核　　對｜郭韋伶、楊婷婷

地　　址｜110408 台北市信義區基隆路一段 178 號 12 樓

電　　話｜（02）2765-2097

傳　　真｜（02）2756-8879

印　　刷｜中茂分色製版印刷事業股份有限公司

總 經 銷｜大和書報圖書股份有限公司

出版日期｜113 年 5 月下旬

定　　價｜新台幣 420 元

國家圖書館出版品預行編目 (CIP) 資料

從心所欲：曹賜斌行醫隨筆 / 曹賜斌著. -- 臺北市：有故事股
份有限公司, 民 113.05
　　面；　公分
ISBN 978-626-97537-8-9(平裝)

1.CST: 曹賜斌 2.CST: 醫師 3.CST: 傳記

783.3886　　　　　　113004642